TECHNOLOGIES ET DEVELOPPEMENT AU CAMEROUN

Le rendez-vous manqué

ISBN : 2-7384-0982-2

Alain BOUTAT

TECHNOLOGIES ET DEVELOPPEMENT AU CAMEROUN

Le rendez-vous manqué

Editions L'Harmattan
5-7, rue de l'Ecole-Polytechnique
75005 Paris

A Karen et Evy

A Sven et Thierry

SIGLES ET ABREVIATIONS

AFC	**Analyse factorielle des correspondances**
BEAC	**Banque des Etats de l'Afrique centrale**
BIT	**Bureau international du travail**
CFCE	**Centre français du commerce extérieur**
CNUCED	**Conférence des Nations Unies sur le commerce et le développement**
FED	**Fonds européen de développement**
FMN	**Firme multinationale**
NFI	**Nouvelles formes d'investissement**
NPI	**Nouveaux pays industrialisés**
OISIE	**Modèle «Outputs-Inputs-Système Interne-Environnement»**
ONUDI	**Organisation des Nations Unies pour le développement industriel**
OSTC	**Organisation syndicale des travailleurs camerounais**
PED	**Pays en développement**
PME	**Petite et moyenne entreprise**
PMI	**Petite et moyenne industrie**
PNUD	**Programme des Nations Unies pour le développement**
R-D	**Recherche et développement**
SIFIDA	**Société internationale financière de développement en Afrique**
SNI	**Société nationale d'investissement**
TT	**Transfert technologique**
UDEAC	**Union douanière et économique de l'Afrique centrale**
UMOA	**Union monétaire de l'Ouest africain**

AVANT-PROPOS

Nous tenons à exprimer notre vive reconnaissance à Messieurs les Professeurs Simon-Pierre Jacot et Pierre Goetschin, de l'Ecole des HEC de l'Université de Lausanne, à Monsieur le Professeur Vijay Jolly, de l'*International Management Institute*, et à Monsieur Pierre Drouet, Directeur adjoint au BIT; l'essentiel de ce travail leur est redevable des remarques de tous ordres.

De nombreux amis ont, par ailleurs, voulu nous donner leur avis sur l'une ou l'autre partie de cet ouvrage. Nous avons particulièrement tenu compte des suggestions d'Evelyn Boutat-Ortwein von Molitor, Yves Eggli, Daniel Bebbey-Monemvele, Roger Rigobert Andely et Jean-Philippe Buchs.

Enfin, nous voulons exprimer notre gratitude à Marie Minlo et Thérèse Edima, ainsi qu'aux organismes, autorités publiques, personnes physiques ou morales, qui, sans pouvoir les citer tous nommément, ont facilité la réalisation de cet ouvrage.

Bien que la liste de ceux dont nous sommes redevables soit longue, nous nous considérons comme seuls responsables du contenu des lignes qui vont suivre. Nous ne nous contentons pas de rapporter des faits que nous avons constatés, des travaux qui ont été publiés, des propos qui nous ont été tenus, des documents qui nous ont été communiqués; nous avons voulu intégrer l'ensemble à une démarche scientifique qui ne saurait engager nul autre que *nous*[1].

1. Ce *nous* n'est, *a fortiori*, que de «compagnonnage imaginaire» avec le lecteur.

INTRODUCTION GENERALE

«De même que, sur la mer aux souffles violents venus de la Thrace, les eaux, lorsqu'elles s'enfoncent dans l'Erèbe sous-marin, remuent le noir limon que soulève la tempête, de même aussi qu'on entend les clameurs gémissantes des roches contre lesquelles elles se brisent, ainsi je vois les traditions antiques de la maison des Labdacides se modifier [...]».

SOPHOCLE[2].

Sans être une panacée[3], la technologie demeure néanmoins un ingrédient essentiel du développement; car son influence, et par conséquent, celle du triptyque «science-technique-innovation», sur la société et l'homme n'est plus à démontrer. Qu'il s'agisse de produire davantage pour subvenir aux besoins alimentaires, d'assurer une meilleure formation, d'offrir des soins de santé améliorés, d'augmenter la production industrielle ou d'obtenir des moyens de communication plus efficaces, elle est l'un des facteurs déterminants du progrès. Or, il y a des raccourcis possibles sur le chemin du progrès...

Qui plus est, en tant qu'instrument de l'organisation de la société, la technologie joue un rôle non négligeable dans la prise de décisions aussi bien en matière d'évolution sociale qu'en matière économique[4]. Son transfert renvoie donc

2. Poète grec (entre 496 et 494-406 av. Jésus-Christ), *Tragédie Antigone*, partie chantée par le Choeur de Vieillards Thébains. Dans la traduction de Paul MAZON (Société d'édition «Les Belles Lettres», Paris-Coulommiers, 1962, 509 p.), on retrouve le passage à la page 109.

3. Voir à ce sujet : C. CASTORIADIS, «La technologie en question»; in *Encyclopædia Universalis*, tome 17, Paris, 1985, p. 760; G. FRIEDMANN, *La puissance et la sagesse*, Gallimard, Coll. «*Tel*», Paris, 1970, 503 p.

4. D. GOULET, *The uncertain Promise : Value Conflicts in Technology Transfer*, I.D.O.C./North America, Inc., XIV, New York, 1977, pp. 7-12.

nécessairement à une problématique du développement[5]. Dès lors, faut-il s'étonner que le Cameroun, sans être obligé de refaire le long parcours technologique que les nations industrialisées ont suivi, ait l'intention de tirer parti de l'acquis accumulé ?

En réalité, quel que soit le système économique d'un pays, son développement repose en partie sur une coopération active avec l'étranger et sur la formulation de projets de transfert technologique viables, étudiés avec soin et de façon systématique. Les projets en question peuvent être de dimensions et de types variés; ils peuvent porter sur la création d'industries nouvelles, l'implantation d'usines, l'accroissement de la capacité de production d'installations existantes, la cession de connaissances techniques et de savoir-faire associés, le cas échéant, à des privilèges d'exploitation.

Le problème particulier auquel se trouvent cependant confrontés les pays en développement (PED) comme le Cameroun est fort délicat. Il tourne autour de *l'appropriation* des technologies conçues et développées ailleurs, le plus souvent par et pour les entreprises des pays industrialisés; ce qui ne va pas sans entraîner une série de *malentendus*[6]. Les déconvenues résultantes ne sont pas imaginaires, trop d'exemples démontrent leur réalité[7].

L'enseignement qui semble prendre faveur, revient à dire qu'il est essentiel, préalablement à tout transfert technologique, de déterminer de façon cohérente si un projet donné peut être mené à bien dans les conditions existant dans le pays intéressé[8]. De surcroît, il ne suffit pas qu'un projet soit réalisable techniquement ou financièrement; encore faut-il qu'il soit compatible avec l'environnement général. Il s'ensuit qu'aucun projet ne saurait être analysé isolément, mais devrait, au contraire, être considéré en relation avec les réalités

5. J. PERRIN, *Les transferts de technologie,* Editions La Découverte, Coll. «*Repères*», Paris, 1984, p. 101.

6. O. GELINIER, Président du conseil de surveillance d'IDET-CEGOS, «L'entreprise face au problème du transfert de technologie», *Problèmes Economiques*, No 1625, 30 mai 1979, pp. 21-23.

7. Voir à ce sujet : G. EGNELL et *al.*, *Pour un vrai partenariat industriel avec l'Afrique : bilan et perspectives de l'industrie africaine,* Centre Nord-Sud de l'Institut de l'entreprise, Paris, 1986, pp. 15 et suiv.

8. A. BOUTAT, *Relations technologiques Nord-Sud : mécanismes et enjeux*, Méta Editions, Lausanne, 1991, 219 p.

physiques, économico-industrielles, culturelles et humaines en présence.

L'ouvrage comprend deux parties. La première est consacrée à la présentation du pays qui nous a servi de cadre de référence. La seconde permet d'étudier les expériences concrètes de transfert technologique, compte tenu des opportunités et des contraintes du milieu récepteur. Au-delà des discussions théoriques, nous examinerons les modalités et les stratégies déployées par les acteurs, en nous appuyant sur un modèle préliminaire de transfert technologique (*O.I.S.I.E.*)[9].

Notre travail se veut à la fois descriptif, explicatif et normatif. Descriptif parce qu'il s'efforce de faire un inventaire d'éléments empiriques susceptibles de restituer la nature des transferts technologiques vers le Cameroun, suivant leurs articulations et caractères perceptibles. Explicatif dans le sens où il essaie d'interpréter les données rassemblées, en montrant des relations constatables par l'expérience méthodique. Normatif dans la mesure où il se propose de dégager, dans l'optique de l'intérêt mutuel des parties[10], les propriétés souhaitées de la coopération industrielle internationale en général, et des processus de transfert technologique en particulier.

Pour aborder ces différents aspects, nous avons eu recours à l'enquête sur le terrain, aux études de cas et à la recherche documentaire.

L'enquête a été effectuée sous la forme de questionnaires et d'entretiens. L'investigation fut menée auprès d'un échantillon de 24 entreprises camerounaises importatrices de technologie et auprès de leurs partenaires étrangers. De nombreux praticiens, autorités publiques et experts

---

9. O.I.S.I.E. est une abréviation des principales composantes du système de transfert technologique; ce dernier étant représenté par les *outputs*, les *inputs*, le *système interne* et l'*environnement* externe. Pour de plus amples détails, voir : A. BOUTAT, *Les transferts internationaux de technologie comme instrument de développement industriel*, Méta Editions, Lausanne, 1989, 482 p.

10. Certes, la notion d'*intérêt mutuel* peut paraître «ambiguë» à certains (in P.F. GONOD, «Nouvelles représentations des transferts technologiques», *Mondes en développement*, No 20, 1977, p. 720), elle ne reste pas moins au centre des rapports d'*utilités réciproques*. A ce titre, elle n'appartient pas seulement au domaine du discours philosophique, mais a également des implications d'ordre pratique.

internationaux, ont, par ailleurs, accepté de nous faire part de leurs réflexions d'«hommes de terrain».

Les études de cas concernent deux firmes, également camerounaises, et sont destinées à fournir une illustration d'expériences en matière d'acquisition technologique. Le choix de ces cas se justifie par le fait qu'ils correspondent à des projets contrastés; l'un paraissant un exemple de réussite, et l'autre celui d'un échec.

En complément des informations fournies par certaines institutions spécialisées, la recherche documentaire a été orientée vers les organismes ministériels camerounais et la Société Nationale d'Investissement.

Nous n'avons retenu que les facettes du transfert technologique qui nous ont paru les plus pertinentes pour expliquer les enjeux en matière d'industrialisation, et celles dont nous pouvons penser qu'elles joueront, dans l'avenir, un rôle déterminant sur le front du développement. De même, avons-nous omis d'aborder la question du «*transfert inverse*» de technologie dont les effets ne sont pourtant pas négligeables[11]. C'est dire que cet ouvrage n'a aucune prétention à épuiser un sujet, au demeurant inépuisable.

11. Voir à ce sujet : ONUDI, *Technologies from Developing Countries*, UN, Washington, D.C., 1978, 50 p.

Première partie

LE PAYS RECEPTEUR

INTRODUCTION DE LA PREMIERE PARTIE

Dans une étude antérieure, nous avons rendu compte de l'approche holistique des transferts de technologie et élaboré un modèle global de la mise en oeuvre des opérations y afférentes[1]. Bien que cette démarche se soit inspirée de la pratique des relations industrielles internationales, comment ne pas entendre, dégringolant les marches de l'histoire scientifique, cette voix laconique : «il ne suffit pas de proposer un modèle, encore faut-il multiplier les occasions de le confronter au réel».

Sans doute le modèle permet-il de comprendre et d'expliquer[2], mais à la condition qu'il ne soit pas un pur exercice logique et qu'il n'empêche la réalité d'être utilement subsumée. S'il est communément admis que l'observation est indissociable de tout effort de conceptualisation, il n'est pas moins vrai que le témoignage d'expériences concrètes est de nature à valider un modèle[3], qui, retourné au réel pour vérification et consolidation, reçoit une autre valeur qu'intellectuelle.

La présente partie de l'ouvrage n'a donc de sens qu'en ce qu'elle permet d'illustrer, à travers une saisie des particularités d'un pays récepteur[4] du Sud, les conditions de diffusion internationale de la technologie.

Dans un premier temps, nous insisterons sur les données de l'environnement général. Ensuite, nous tenterons de

---

1. A. BOUTAT, *Les transferts internationaux de technologie comme instrument de développement industriel, op. cit.*, pp. 165-296.

2. P. URI, «François PERROUX», *Revue Economique,* No 5, Septembre 1987, p. I.

3. S. SEURAT, *Réalités du transfert de technologie,* Masson, Coll. «*Le nouvel ordre international*», Paris, 1978, pp. 123-126.

4. Dans la suite de l'ouvrage, *récepteur* signifie acquéreur de technologie; tandis qu'*émetteur* est synonyme de fournisseur de technologie.

cerner les contraintes et les atouts que cet environnement offre. Il sera enfin utile d'en dégager les implications pour l'industrialisation et, plus précisément, son corollaire d'acquisition technologique, tant il apparaîtra opportun de signaler les facteurs qui peuvent favoriser ou compromettre leur réussite.

En effet, notre conviction est que les problèmes rencontrés aujourd'hui par les PED comme le Cameroun, ne font pas appel *ex abrupto* à une approche exclusivement technico-économique, mais requièrent une évaluation préalable des réalités multidimensionnelles en présence, car bien des paramètres que l'on tend généralement à laisser de côté voient désormais leur importance mise en lumière.

FIGURE 1
République du Cameroun.

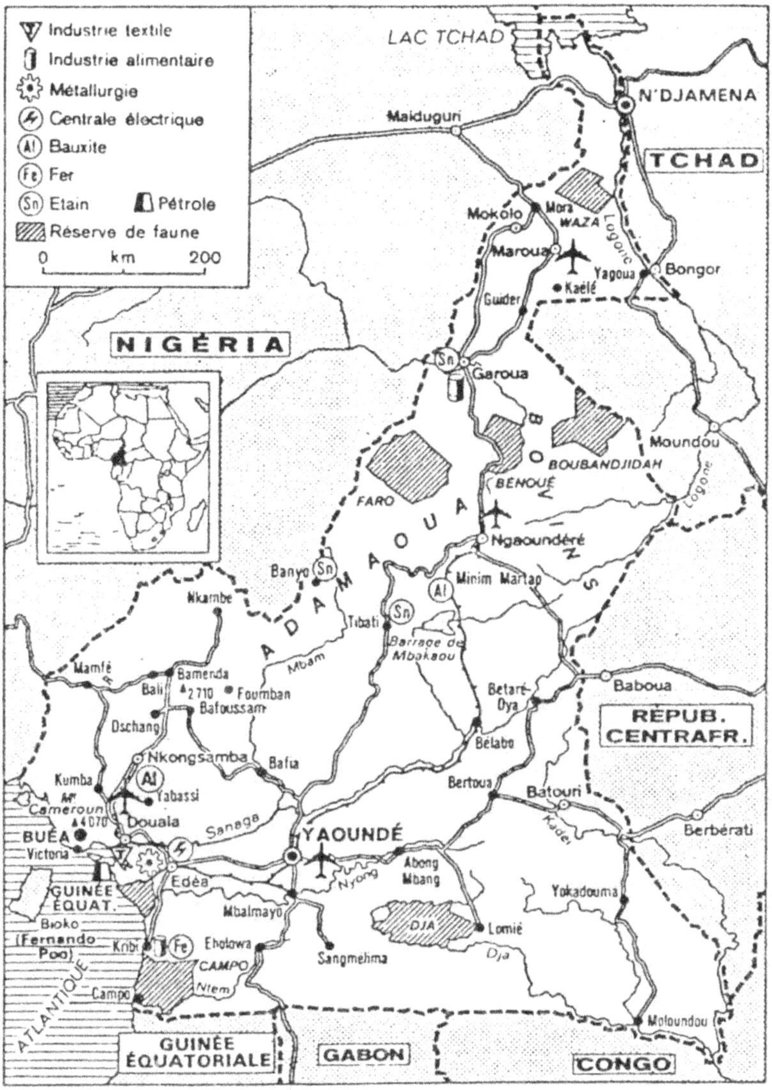

Source : Ministère du plan et de l'aménagement du territoire (MINPAT), Yaoundé, 1986.

TABLEAU 1

Fiche signalétique et données de base.

Superficie : 474900 - terres arables : 58980 km^2	Langues officielles : français et anglais
Population : 10927000 - densité : 23 hts au km^2 - croissance : 3.3% - projection (2000) : 17 mios - moins de 20 ans : 56% - 20 à 59 ans : 39% - 60 ans et plus : 5%	Population active : 40% - secteur primaire : 70% - secteur secondaire : 13% - secteur tertiaire : 17% Monnaie : FCFA à parité fixe (1FF = 50FCFA)
Espérance de vie : 52 ans - femmes : 54 ans - hommes : 51 ans	Réseau de transport : - ferroviaire : 1173 km - routier : 65000 km
Population urbaine : 36.1% - croissance (76-86) : 5.6% Population rurale : 63.9% - croissance (76-86) : 2.0%	Balance commerciale (88) - exportations : 491.0 miads - importations : 422.5 miads - couverture : 116.2 %
PIB (88-89) : FCFA 2867 miads PIB réel : FCFA 1768 miads Revenu réel par ht (87) : $960 Croissance annuelle (81-86) - revenu global : 7.0% - revenu par ht : 3.8%	Principales villes (hts) - Douala : 1029700 - Yaoundé : 654000 - Nkongsamba : 108000 - Maroua : 104000 - Garoua : 99000

Source : MINPAT, *VIe plan de développement économique, social et culturel 1986-1991*, Yaoundé, 1986, 325 p.; COMITE MONETAIRE DE LA ZONE FRANC, *La Zone Franc : rapport 1988*, Paris, 1989, pp. 326-331; CNUCED, *Handbook of international trade and development statistics 1989*, United Nations, New York, 1990, pp. 6-541.

«Qu'à des conditions nouvelles convienne une adaptation appropriée, une armature plus apte [...] à combiner et à maintenir en harmonie les intérêts administratifs, politiques et économiques, c'est ce qu'il ne paraîtra pas paradoxal d'affirmer».

Paul V. DE LA BLACHE[5].

Chapitre I

L'ENVIRONNEMENT GENERAL

Dans le dessein d'introduire le contexte particulier dans lequel s'insèrent les expériences camerounaises d'accès à la technologie étrangère, nous aborderons successivement :

- le cadre physique et humain;
- le cadre institutionnel et politico-légal;
- le cadre socio-culturel et technico-scientifique;
- le cadre industriel et économique.

1. Le cadre physique et humain.

Au fond du golfe de Guinée, à l'endroit où l'Atlantique s'avance le plus profondément dans les terres, le Cameroun se situe à la jonction des régions géographiques occidentale, septentrionale et centrale. C'est le «centre de gravité du continent noir»[6], un «microcosme»[7] dont la diversité remar-

5. *In* «Régions françaises», *Revue de Paris,* 15, 1910, p. 13.
6. J. IMBERT, *Le Cameroun,* P.U.F., Coll. «*Que sais-je ?*», Paris, Avril 1982, p. 3.

quable des climats, de la faune, du relief, de la flore, de l'hydrologie, des ethnies, en fait une véritable «Afrique en miniature».

1.1 Le milieu géographique et naturel.

Encadré à l'ouest par le Nigeria, au nord et à l'est par le Tchad et la République Centrafricaine, au sud par le Congo, le Gabon et la Guinée Equatoriale, le Cameroun s'étend sur un triangle de 474900 km², qui s'étire entre le 2ᵉ et le 13ᵉ parallèle de latitude Nord. Baigné par l'Atlantique tout au long d'une façade de 280 km environ, ce triangle a des distances maximales, en partant de la mer, de 725 km d'ouest en est dans la partie sud du pays et de 1240 km des bords du Lac Tchad au nord à la côte au sud[8]. On y distingue cinq régions naturelles au relief exceptionnellement contrasté[9] :

- La région du Littoral qui est une côte basse formée d'un bassin sédimentaire et de plateaux cristallins.
- La région des chaînes montagneuses de l'Ouest, volcanique où culmine le Mont Cameroun à 4070 m d'altitude.
- La région des collines du Sud et de l'Est où se retrouvent les plateaux et les hauteurs de forme arrondie variant entre 500 et 800 m.
- La région des hauts plateaux du Centre, formée du complexe de l'Adamaoua qui s'étend, à ce niveau, sur presque toute la largeur du pays.
- La région du Nord comprend des plaines recouvertes de savane qui introduisent la dépression du Lac Tchad et le relief envoûtant du massif montagneux des mandara (environ 700 m d'altitude) et du Rhumsiki (plus de 1200 m d'altitude).

---

7. J.-F. BAYART, *L'Etat au Cameroun,* Presses de la Fondation nationale des sciences politiques, Paris, 1984, p. 9.

8. Voir les détails qu'en donne P. VENNETIER; in *L'Afrique Equatoriale,* P.U.F., Coll. «*Que sais-je ?*», No 1552, 1972, pp. 12 et suiv.

9. Une imposante description est fournie par R. LETOUZEY; in *Etude phyto-géographique du Cameroun,* Lechevallier, Paris, 1968.

Le Cameroun dispose, à travers ces différentes régions, de ressources naturelles diversifiées. D'abord le pétrole, à l'Ouest et au large des côtes, dont les réserves prouvées, en 1983, étaient de l'ordre de 80 millions de tonnes. Celles du gisement de fer au Sud-ouest sont estimées à 240 millions de tonnes.

Le sous-sol camerounais renferme également de la bauxite dans le massif de l'Adamaoua (plus d'un milliard de tonnes (t) à 44% d'alumine); au Centre et à l'Est, de l'or, du disthène[10] à Nanga-Eboko (90'000 t) et à Otélé (90'000 t); du gaz (réserves de 110 milliards de mètres cubes), principalement dans la région du Rio del Rey (60 milliards de mètres cubes). On note aussi la présence d'indices de plomb, de zinc, de saphir, de lignite et de sel dans le golfe de Manfé; des sulfures et du cuivre au Sud-est; du syénite[11], du rutile[12] et du zircon[13] au Sud-ouest.

Cette diversité dans les ressources naturelles et la géographie physique se trouve doublée d'une hétérogénéité humaine.

1.2 Population et clivages de la société.

Le Cameroun compte approximativement 11 millions d'habitants, dont le 1/4 environ est anglophone. Dans le Sud-est, recouvert par la grande forêt, habitent quelques peuplades bantou, dont les Maka, les Kaka et les Pygmées. Au Nord, on rencontre des semi-nomades et agriculteurs appartenant à des ethnies diverses : Arabes choa, Kotoko, Massa, Mousgoum, Toupouri... qui sont soudaniens.

En réalité, plus de 230 tribus sont enregistrées dans une mosaïque comprenant quelques grands groupes : Bamileké, Bamoun, Bassa, Beti, Douala, Foulbé...

En dépit d'un exode croissant vers les villes, le Cameroun peut être considéré comme un pays rural. Environ 65% de la

---

10. Silicate anhydre d'alumine ($Al_2O_2SiO_2$).

11. Roche plutonique grenue, composée de feldspaths alcalins, de mica brun (biotite) ou hornblende verte, sans quartz.

12. Oxyde naturel de titane (TiO_2).

13. Silicate de zirconium dont les variétés les plus pures et transparentes sont utilisées en joaillerie.

population se trouve concentrée dans les campagnes. Si les actifs représentent environ 40% de la population nationale totale, le 70% est employé dans l'agriculture contre 13% et 17%, respectivement, dans les secteurs secondaire et tertiaire[14]. Autrement dit, bien que le taux de croissance parmi les fonctionnaires et les contractuels de l'administration ait été considérable durant les années 1976-1985, la majorité de la force active du travail reste occupée dans les zones rurales.

Mais ce caractère rural dissimule mal les spécificités et la division en clivages de la société. Le Nord, en partie islamisé et moins développé économiquement, se distingue du Sud, christianisé et moins conservateur. Le clivage Est-Ouest est d'ordre historique, démographique et culturel : non seulement les particularités du Cameroun anglophone subsistent, mais la poussée démographique à l'Ouest (95 hts/km^2) tranche avec la faible concentration humaine à l'Est (4.4 hts/km^2). Le troisième clivage est économique et met en présence les Bamileké, particulièrement prospères dans le commerce général, et le reste de la population camerounaise.

A ces spécificités s'ajoutent des divisions propres à chaque groupe ethnique pour constituer une société segmentaire dont la persistance se traduit, sur le plan fonctionnel, par une constante recherche de l'équilibre, y compris au niveau institutionnel : nationalisme teinté de jacobinisme en vue de faire prévaloir l'unité de l'ensemble; principe de répartition des portefeuilles ministériels, des mandats de députés à l'Assemblée nationale, des responsabilités administratives et de direction dans les sociétés à participation étatique; etc.

2. Le cadre institutionnel et politico-légal.

Comprendre les méandres de l'industrialisation au Cameroun et de l'environnement politico-légal des transferts technologiques passe sans doute par la saisie de l'Etat dans ses assises et sa continuité historiques. On verra ainsi qu'une société institutionnalisée à part entière s'est dotée d'une logique complexe.

---

14. MINPAT, *VIe plan quinquennal de développement économique, social et culturel (1986-1991), op. cit.*, p. 285.

2.1 Les assises historiques.

L'histoire ancienne du Cameroun est insuffisamment connue. Certaines sources font état d'une hypothétique rencontre entre les Pygmées, «vêtus de feuilles de palmes», et le Perse Sataspès, «condamné à faire plusieurs fois le tour de l'Atlantique»[15]. D'autres accordent davantage d'intérêt à la narration attribuée à Hannon, le fameux navigateur carthaginois du VIe siècle avant Jésus-Christ, qui aurait visité l'actuel Mont Cameroun, ce «char des dieux» sur lequel ruissellent épisodiquement des «flammes»[16].

Seuls les documents datant du XVe siècle semblent bénéficier d'une crédibilité moins discutable[17]. Il est ainsi établi que, dès 1472, le Portugais Fernando Po s'installa dans la petite île voisine. Frappés par l'abondance des crevettes, ses successeurs baptisèrent le fleuve Wouri *Rio dos Camaroes*, d'où sortira plus tard le nom «Cameroun».

Jusqu'au XVIIIe siècle, les textes historiques ne mentionnent d'autres renseignements que ceux concernant le commerce entre les Chefs de tribus côtières et les Européens : les Hollandais, les Portugais, les Anglais, les Français... échangent des cotonnades, du sel, des barils de poudre, des fusils et de l'alcool contre des esclaves, l'huile de palme, l'ivoire et le caoutchouc camerounais[18].

Entre 1840 et 1852, l'action «civilisatrice» des Anglais marqua un tournant dans ces relations. A l'installation des maisons de commerce succéda celle des missionnaires et évangélisateurs[19]. Ce sont pourtant les Allemands, aidés par la présence de leurs établissements commerciaux, comme celui de Woerman (Hambourg), qui feront un pas décisif dans la voie de la colonisation. En juillet 1884, un accord instaurant un protectorat (*Schutzgebiet*) sera signé avec les rois

---

15. J. IMBERT, *Le Cameroun, op. cit.*, p. 27.
16. E. MVENG, *Les sources grecques de l'histoire négro-africaine, depuis Homère jusqu'à Strabon*, Ed. Présence africaine, Paris, 1972, pp. 45-47.
17. Nonobstant les civilisations légendaires des Sao et des Bambara (*Cf. Encyclopædia Universalis*, Tome 4, 1988, pp. 91-96).
18. F. ETOGA ELLY, *Sur les chemins du développement : essai d'histoire des faits économiques du Cameroun*, Editions CLE, Yaoundé, 1971, pp. 75-83.
19. E. MVENG, *Histoire du Cameroun*, Ed. Présence africaine, Paris, 1963, p. 168.

Akwa et Bell. Dans la foulée, des mesures particulièrement rigoureuses seront prises pour favoriser «l'exploitation économique»[20]. Dès 1900, on ne comptera pas moins de trente-six sociétés allemandes contrôlant plantations de bananes, acajou, cacao, café, hévéa... et comptoirs commerciaux.

Avec la première Guerre mondiale, l'histoire du Cameroun va connaître d'autres péripéties. La victoire du corps expéditionnaire franco-britannique entraînera l'occupation, du côté oriental, des 4/5 du territoire par la France, et, du côté occidental, des deux bandes isolées limitrophes du Nigeria par la Grande-Bretagne. Ce partage sera ensuite officialisé par la désignation des deux puissances comme mandataires, conformément à la décision du Conseil de sécurité de la S.D.N.

A la fin du mandat, en 1940, débuta une période intermédiaire sans statut juridique précis; période qui sera ensuite écourtée par le régime de la tutelle internationale, attribuée aux deux anciennes puissances mandataires, dès la substitution de l'O.N.U. à la S.D.N. au lendemain de la deuxième Guerre mondiale. Si la France et la Grande-Bretagne eurent jusqu'alors tendance à incorporer le Cameroun dans les cadres institutionnels qu'elles imposaient à leurs colonies, l'article 76 de la Charte des Nations Unies devait prévoir une «évolution progressive des territoires vers la capacité à s'administrer eux-mêmes».

2.2 De la tutelle à la République du Cameroun.

La Constitution française de 1946 rangeait le Cameroun oriental parmi les «territoires associés»; ce qui permettait légalement la représentation locale des syndicats et partis politiques de la métropole. Mais face à l'inadaptation des structures d'encadrement importées aux exigences diffuses d'une société rurale, les élites du territoire constitueront une «Union des Populations du Cameroun» (U.P.C.), assortie d'un programme portant sur l'unification des deux parties du Cameroun et le cheminement vers une «indépendance com-

---

20. E. MOHAMMADOU, «Un document allemand sur l'administration du Nord-Cameroun», *Revue Camerounaise d'Histoire,* 1971, p. 188.

plète», en application des termes de la Charte des Nations Unies.

D'autres formations politiques concurrentes, à l'instar de l'«Union Sociale Camerounaise» ou du «Bloc Démocratique Camerounais», verront le jour dans les années cinquante. Cependant, moins de quatre ans après la dissolution de l'U.P.C. par arrêté du Haut-commissaire français, l'Assemblée générale de l'O.N.U. adopta, en mars 1959, le projet de résolution approuvant l'indépendance du Cameroun pour le 1er janvier 1960.

Dans le Cameroun sous tutelle britannique, la Constitution Richards de 1946 conserva le territoire anglophone dans les organismes régionaux du géant nigérian, selon la formule de «la colonie dans la colonie». Un plébiscite sera organisé par l'O.N.U., le 7 novembre 1959, sur le Cameroun septentrional qui choisira le maintien de la tutelle britannique et le refus de l'incorporation au Nigeria. Mais, en février 1961, lors du second referendum, la partie méridionale votera pour la réunification avec le Cameroun francophone pour la constitution d'une République fédérale, tandis que le *Northern Cameroons* s'intégrera dans la fédération nigériane.

Une nouvelle étape sera franchie le 20 mai 1972, par l'approbation d'un projet constitutionnel visant à abolir la République fédérale en faveur d'un Etat unitaire. La suppression des deux Etats fédérés entraîna évidemment une simplification des institutions et la fin des conflits de compétences : les trois administrations précédentes faisaient place à une seule administration, et l'assemblée législative, élue au suffrage universel, devait remplacer les quatre assemblées existantes.

Le 4 novembre 1982, Ahmadou Ahidjo, qui tenait les rênes du pouvoir depuis 1958, annonça sa démission. Conformément à la constitution, le Premier ministre Paul Biya accéda aussitôt à la présidence. La relève semblait assurée dans les meilleures conditions et bon nombre d'observateurs louaient cette «transition harmonieuse», rare au demeurant dans les PED. Comme le Cameroun voyait en même temps sa réputation consacrée sur la scène économique internationale, l'image de sa «stabilité» et de sa «modération» connaissait une apothéose[21]. Image qui se dégradera lorsque les dissensions commencèrent à transparaître entre l'ancien président et le nouveau, vraisemblablement en raison d'un bicéphalisme voilé au sommet de l'Etat. Au retrait définitif du premier de la scène politique succèdera l'élaboration d'un projet qualifié de «Renouveau National».

De République unie, le pays est redevenu simplement République du Cameroun, le 25 janvier 1984. Quant au parti, rebaptisé sous le nom de «Rassemblement Démocratique du Peuple Camerounais», il demeure le soutien de l'action gouvernementale et le pivot de la régulation néo-patrimoniale depuis l'«unification» des formations politiques en 1966, sous la dénomination d'«Union Nationale Camerounaise».

Le système politique en vigueur, cristallisé autour du chef de l'Etat, reproduit à différentes échelles de l'organisation administrative un modèle de pouvoir clientéliste, s'appuyant sur un réseau de solidarités tributaires et fluctuantes.

Ce modèle, courant en Afrique sous diverses variantes[22], repose en fait sur une logique redistributive d'*Etat-parrainage*. Mais, comme tous les «fils de la Nation» ne peuvent simultanément devenir filleuls du régime, certains tentent de détotaliser l'ordre socio-politique en rendant l'échange composite : oppositions larvées, création de véritables alliances hors de l'*Etat-parrain*, émergence d'un secteur informel difficilement apprivoisable, instauration d'une économie parallèle à l'abri des réglementations, circulation de flux monétaires en marge du système officiel, etc.

2.3 Politique industrielle et impulsions étatiques.

Lorsque l'on aborde l'aspect institutionnel, il n'est pas rare d'être confronté à la traditionnelle question du rôle de l'Etat. Si l'on se réfère aux pays développés à économie de marché, il est facile de démontrer les implications des pouvoirs publics dans la société en général, et dans l'économie en

---

21. J.-F. BAYART, «La société politique camerounaise (1982-1986)», *Politique africaine*, No 22, Karthala, Juin 1986, p. 5.

22. A. MBEMBE, «L'Afrique noire va imploser», *LE MONDE diplomatique*, No 433, Avril 1990, p. 10.

particulier; notamment aux Etats-Unis où l'Etat est client (relations entre le Pentagone et les firmes d'armements), au Japon où il est organisateur (MITI dans sa collaboration avec les groupes industriels *Keiretsus*), en France où il est producteur (construction automobile avec Renault). Cependant, cette question prend davantage de poids dans les PED, à l'instar du Cameroun, où l'Etat est à la fois le premier employeur, le plus gros client, un investisseur de premier plan...

2.3.1 Orientations générales et mécanismes régulateurs.

La politique économique et sociale menée au Cameroun depuis plus d'une décennie se définit par deux expressions : «libéralisme planifié» et «libéralisme communautaire»[23]. «Libéralisme» puisque le secteur privé est reconnu explicitement et encouragé par des incitations publiques; «planifié» parce que l'action des entrepreneurs est guidée par le plan, qui indique les priorités et les modalités de l'intervention étatique; «communautaire» parce que la volonté d'organisation libérale «se réchauffe [...] au foyer ardent du communautarisme africain»[24].

C'est dans le cadre de cette politique qu'ont été créées de nombreuses entreprises publiques, puis une Société nationale d'investissement (S.N.I.) qui détient le portefeuille des participations étatiques[25]. Les buts mis en avant s'articulent en priorité autour de trois points : assurer des productions de substitution aux importations afin d'améliorer la balance commerciale; soutenir l'effort de développement de l'agriculture par l'implantation d'industries destinées à en favoriser la revitalisation (engrais, matériel agricole, application de nouveaux procédés...); promouvoir la formation, l'emploi et l'accès des nationaux aux techniques modernes.

---

23. La deuxième expression a pris le dessus depuis l'avènement du «projet du Renouveau». Voir à ce sujet : P. BIYA, *Pour le libéralisme communautaire,* Ed. Pierre-Marcel Favre, Lausanne, 1986, 158 p.

24. P. BIYA, «Discours de politique générale», IVe Congrès ordinaire de l'U.N.C. de Bamenda, *Cameroon Tribune*, No 3232, 23 mars 1985, p. 7.

25. Il s'agit officiellement d'une tentative visant à garantir aux Camerounais une certaine présence dans une économie substantiellement représentée par le capital privé étranger.

Pour atteindre ces buts, l'action gouvernementale consiste tantôt à encourager l'exercice de la libre entreprise, tantôt à initier des associations entre les intérêts publics et privés, tantôt à investir directement dans les secteurs d'accompagnement (infrastructures économiques, énergie, formation...) et dans ceux qui n'attirent guère l'investissement privé du fait d'une rentabilité différée ou incertaine (agro-industries, produits de base...).

La faiblesse de l'esprit d'entreprise au niveau national constitue parfois une justification officielle de cette politique. En donnant à certains une expérience de la gestion et de la direction des organisations, le secteur public camerounais a ainsi «façonné» de futurs chefs d'entreprise ayant les connaissances, les contacts et l'accès aux ressources nécessaires pour se mettre à leur compte[26]. Nous verrons toutefois que ce processus collectionne aussi des revers.

S'agissant des mécanismes régulateurs et incitatifs, les principaux instruments de la politique industrielle peuvent être classés en quatre catégories : concessions spéciales offertes dans le cadre du code des investissements, protection par des licences industrielles et commerciales, élargissement des possibilités de financement, participation au capital par le biais des sociétés financières de développement. Parmi ces instruments, le code des investissements reste sans doute celui qui a bénéficié le plus d'attention.

La loi remplaçant l'ancien code mis en place en juin 1960 et complété en juin 1966, a été promulguée le 4 juillet 1984. Elle vise à stimuler la création d'entreprises par une mobilisation des capitaux privés et l'octroi d'avantages fiscaux; car il faut bien reconnaître que la précédente structure n'a pas favorisé significativement les investissements productifs du fait, notamment, de la lenteur des procédures, de la non-dynamisation des secteurs industriels et de l'absence de mesures incitatives conséquentes.

Pour combler ces lacunes, l'application du nouveau code est orientée vers certains domaines prioritaires : industries agricoles, animales et forestières; petites et moyennes industries; bâtiments et travaux publics; industries extractives; ac-

---

26. Ce fut le cas, par exemple, de la société des Nouvelles Brasseries du Cameroun (NOBRA), à Douala.

tivités de maintenance des équipements. Elle entend, par ailleurs, contribuer progressivement à une répartition géographique des implantations industrielles jusqu'alors concentrées dans le Littoral (58%) et le Centre (23%).

En outre, le droit au transfert des capitaux et des revenus est garanti aux partenaires étrangers. De tels transferts, dans la mesure où ils respectent les lois et les règlements régissant les changes, peuvent être effectués librement vers les pays de résidence et dans la devise d'origine. L'octroi des quatre régimes d'investissement en vigueur (A, B, C, D) est cependant subordonné à l'avis, soit de la Commission des investissements, soit du Comité national ou des Comités régionaux des agréments[27].

En ce qui concerne les échanges extérieurs, si les droits et taxes sont élevés pour les transactions hors U.D.E.A.C., le niveau de discrimination fiscale demeure relativement bas. Il n'en reste pas moins que la politique des échanges est essentiellement déterminée en réaction aux événements plutôt qu'en tant que partie intégrante d'une stratégie finement concertée. A mesure que les déficits augmentent, les tarifs sont souvent majorés pour réduire la demande d'importations et mobiliser les ressources budgétaires de l'Etat.

2.3.2 Limites de la politique industrielle.

Les mesures rappelées *supra*, dont le code d'investissement est la pierre angulaire, présentent des incitations principalement d'ordre fiscal. Force est pourtant de reconnaître que les exonérations et les privilèges fiscaux n'impliquent pas nécessairement une génération d'avantages pour les entreprises, et, chemin faisant, pour la collectivité. En général, d'autres facteurs tels l'imprécision ou l'incompatibilité des objectifs à atteindre, l'administration tatillonne et le système biaisé d'homologation des prix y jouent également un rôle dissuasif.

---

27. Pour une ample démonstration, voir à ce sujet : A. BOUTAT, *Les transferts internationaux de technologie comme instrument de développement industriel, op. cit.*, pp. 312-314.

Pour certaines firmes au fait des dispositifs d'assistance mis en place par les pouvoirs publics, les intérêts stratégiques sont multiples. Dans bien des cas, c'est à des fins spéculatives qu'elles procèdent à la modernisation des équipements, au risque d'aboutir à une sous-utilisation des capacités productives.

L'industrialisation souffre, par ailleurs, d'un certain nombre de maux, exigeant des réformes : désorganisation des structures de production et des circuits de distribution; insuffisance de la gestion des finances publiques et des ressources disponibles; déficit d'un grand nombre de sociétés d'Etat et mixtes (parapubliques); programmation des investissements indépendamment des filières industrielles; importations frauduleuses; accès aux crédits bancaires difficile pour les privés nationaux; etc.

L'imprécision dans la nature des missions fixées aux entreprises à participation publique, de même que l'influence précaire des conseils d'administration, contribuent à empêcher une meilleure combinaison des buts économiques et des attributions politico-sociales. Si l'Etat camerounais a souvent implicitement assigné aux entreprises qu'il contrôle cette double finalité, la faible autonomie des organes de gestion, en dépit de leurs responsabilités statutaires, finit par engendrer de modestes ressources en contrepartie. Les agents délibérant dans le choix des investissements et la définition des politiques opérationnelles, sont ainsi, la plupart du temps, les représentants des ministères de tutelle, difficilement enclins à remettre en cause les instructions de leurs délégants.

S'il est vrai que le secteur public camerounais est intervenu avec régularité dans la formation du capital, les résultats financiers et les effets obtenus par la suite n'ont pas toujours été à la mesure des efforts consentis, les objectifs étant nombreux et contradictoires. Qui plus est, les mesures d'encouragement et de protection inadaptées, en faveur des industries nationales, ont quelquefois introduit des distorsions et soutenu des sociétés inefficaces[28].

---

28. Sur ce point, la Banque mondiale a estimé que les entreprises publiques et parapubliques coûtaient à l'Etat entre $300 et $400 millions par an; soit un quart des recettes fiscales (*in* J. GIRI, *L'Afrique en panne : vingt-cinq ans de «développement»*, Ed. Karthala, Paris, 1986, p. 100).

Pour ce qui est de l'administration, les retards et la complexité des procédures ont parfois de quoi décourager maintes volontés. La course d'obstacles que constituent souvent l'octroi d'un agrément nécessaire à un investissement industriel, l'homologation d'un prix de vente, voire l'obtention d'un visa d'entrée au Cameroun, témoigne d'un juridisme exacerbé qui laisse à certains entrepreneurs l'impression d'être livrés à l'arbitraire. Quand bien même la priorité serait désormais donnée aux petites et moyennes entreprises, la pesanteur bureaucratique se fait sentir avec acuité sur l'activité économique générale.

De nombreux discours officiels ne manquent pourtant pas pour fustiger cette incapacité fonctionnelle des services administratifs, des sociétés d'Etat et de leurs agents à servir les projets de développement[29]. Comme le remarquait notamment le premier magistrat constitutionnel, «L'économie camerounaise ne pourra tenir son pari que si (les) services sont efficaces. Il existe un laisser-aller, un laxisme et un manque de civisme déplorables dans plusieurs d'entre eux. Il doit être mis un terme à ce désordre qui engendre des situations d'insécurité, des retards préjudiciables et des frustrations inacceptables»[30].

3. Le cadre socio-culturel et technico-scientifique.

Le Cameroun s'offre à l'observateur comme une vaste fédération culturelle au sein de laquelle coexistent des langues, des religions, des identités ethniques rarement homogènes au sens strict; ce qui participe à la fermentation de la culture idéologique et «entrepreneuriale». Mais l'évolution sociale et culturelle reste également marquée par l'introduction de l'éducation scolaire et universitaire à différents niveaux.

---

29. P. JACQUEMOT, «La désétatisation en Afrique subsaharienne», *Revue Tiers Monde,* No 114, Tome XXIX, Avril-Juin 1988, p. 277.
30. P. BIYA, *Pour le libéralisme communautaire, op. cit.,* p. 72.

3.1 Esquisse d'une identification socio-culturelle.

L'ethnie s'appréhende difficilement au Cameroun sous la forme d'une entité nettement perceptible par des lignes définitives de démarcation. Comme dans d'autres cas similaires, «la conscience ethnique est contextuelle [...], elle n'est pas exclusive d'identifications complémentaires ou concurrentes [...]»[31]. Corrélativement, seuls les hauts fonctionnaires, les acteurs du secteur informel, les notables et les entrepreneurs influents du sérail politique y apparaissent comme des «couches sociales constituées, organisées, impliquées dans des rapports alternés d'alliance et de compétition pour la direction des affaires et le contrôle du pouvoir»[32].

Ces aspects ont souvent été ignorés par nombre de sociologues et anthropologues[33], sans doute animés des meilleures intentions, mais n'accédant à la signification des modes d'organisation en présence que par l'établissement de catégories ne reflètant pas nécessairement la nature réelle des complexités sociales[34]. L'écueil à éviter, en raison de la multiplicité des groupes ethniques, est de rassembler des faits particuliers et, à partir de là, de décréter une homogénéité culturelle rendant définitivement compte de l'ensemble des comportements nationaux face aux phénomènes de la vie moderne. A la réflexion, le Cameroun ne mérite guère ce genre de raccourci...

Par surcroît, la connaissance des communautés prégnantes semble révéler des structures évolutives[35], irréductibles à des schémas préétablis et comprenant notamment des micro-cellules économiques et sociales, dans lesquelles l'individu puise non seulement sa force, mais aussi des *objets culturels* de dissonance.

---

31. J.-F. BAYART, «La société politique camerounaise (1982-1986)», *op. cit.*, pp. 8-9.

32. A. MARIE, «La politique urbaine en Afrique», *Revue Tiers Monde,* No 116, Tome XXIX, Octobre-Décembre 1988, p. 1149.

33. Voir par exemple le «pseudo-anthropologisme» de G. HYDEN, *in* «La crise africaine et la paysannerie non capturée», *Politique africaine,* No 18, Juin 1985, pp. 93-113.

34. T. OULD DADDAH, «Valeurs socio-culturelles et administration publique», *Afrique Contemporaine,* Janvier-Février-Mars 1983, pp. 3-34.

35. G. BALANDIER, «Economie, société et pouvoir chez les Douala anciens», *Cahiers d'études africaines,* No 59, 1975, p. 378.

Tout d'abord, la famille traditionnelle diffère de la famille restreinte des sociétés occidentales et englobe un grand nombre de personnes descendant d'un même ancêtre. Parmi les éléments fondamentaux de ce système de valeurs, le sens de la solidarité affective et économique, ainsi que celui des rapports personnalisés, occupent une place privilégiée. On y décèle, en revanche, au moins deux inconvénients majeurs : d'une part, la famille lignagère dépend des «anciens» et confère un caractère gérontocratique à la propriété, au risque de constituer un obstacle à la promotion économique[36]; d'autre part, la pluralité linguistique et ethnique qui colore avantageusement la société, rend, dans certaines situations, les relations hiérarchiques difficiles entre membres de communautés différentes.

On remarquera, par ailleurs, que le chef d'entreprise camerounais préfère souvent avoir autour de lui un personnel important, comptant des membres de sa famille ou de sa tribu, dont il attend en contrepartie appui et docilité. Il s'agit là d'un comportement patriarcal comparable, à quelques nuances près, à celui du Japon, où les firmes manifestent parfois le souci féodal de solidarité clanique[37]. Ce comportement, ébranlé par la colonisation, auparavant méprisé par la jeune intelligentsia, n'a pas aujourd'hui totalement disparu. Il est de ce fait une réalité qui s'impose d'autant plus qu'il répond à certaines contraintes en vigueur.

Cette «culture entrepreneuriale»[38] semble très poussée dans l'ethnie Bamileké : 80% des PME appartiendraient à des promoteurs y émanant[39]. On trouve à l'origine de son expansion, une organisation sociale structurée, un vif sentiment d'appartenance, un mode de soutien en faveur du plus méritant qui se voit ainsi secondé par les autres membres de son

---

36. S. MELONE, *La parenté et la terre dans la stratégie du développement : l'expérience camerounaise,* Klincksieck, Paris, 1972, p. 128.

37. J. BINET, «Technologie moderne et société africaine», *Afrique Contemporaine,* La Documentation Française, Avril-Mai-Juin 1983, p. 16.

38. A. BOUTAT, *L'industrialisation au Cameroun : la culture entrepreneuriale locale à la rescousse de l'Etat-parrain,* Institut de sciences politiques, Lausanne, 1989, pp. 38-43.

39. C. COURLET, R. TIBERGHIEN, «Le développement décentralisé des petites entreprises industrielles au Cameroun : repérages de quelques évolutions en cours», *Revue Tiers Monde,* Tome XXVII, No 107, Juillet-Septembre 1986, pp. 615-616.

groupe, dans un contexte où prime le relationnel sur la gestion technique de l'élément humain.

De manière générale, un relatif dynamisme semble porté par les petits entrepreneurs locaux (artisans, tâcherons, promoteurs des mécanismes parallèles d'épargne et de financement...). En fait, pourrait-on dire, puisque l'incertitude est particulièrement inhérente à la réalité des organisations industrielles postcoloniales, quelques acteurs s'efforcent de l'accepter, de l'apprivoiser, de s'en faire des alliés, plutôt que d'épuiser leurs énergies dans un vain combat contre sa présence.

Du côté des sociétés publiques, nées de la volonté de prendre en charge des domaines jugés stratégiques ou peu attrayants pour l'initiative privée, elles sont, pour la plupart, de grands complexes dont la direction est constituée de hauts fonctionnaires, «administrateurs civils» et autres «chefs de terre», confortés par la continuité de l'Etat. Il en résulte souvent une impersonnalité dans les rapports sur le lieu de travail, doublée d'une adoption de méthodes qui n'ont pas été suffisamment recyclées pour épouser les contours d'une société où la règle écrite n'a pas toujours le même poids que la parole donnée[40].

Les structures y demeurent fortement hiérarchisées et rigides. Issues de modèles administratifs importés, elles sont par essence inadaptées à des entreprises qui doivent réagir rapidement dans une conjoncture changeante. En d'autres termes, le modèle étatiste d'organisation les a fortement marquées et a fini par générer un effet inhibitif sur les capacités d'initiative.

Aussi peut-on noter que si l'entreprise publique camerounaise n'a pas réussi à remonter son handicap originel, c'est vraisemblablement parce qu'elle constitue une tentative de «prototypage» qui n'a guère eu l'occasion de répondre à une question fondamentale : comment amener des groupes ou des individus imprégnés de traits culturels locaux à coopérer et à s'investir dans un projet commun de production ?

---

40. Voir par exemple : P.R. OLOMO, «Comment concilier tradition et modernité de l'entreprise africaine», *Revue Française de Gestion,* Septembre-Octobre 1987, pp. 91 et suiv.

A contrario, l'entreprise localement intégrée essaie tant bien que mal de mettre à profit la marge de manoeuvre qui est la sienne. Dans cet univers essentiellement oral, qualitatif et relationnel, les valeurs socio-culturelles traditionnelles ne se sont pas effondrées brutalement face au système de production occidental. Comme des cellules rebelles, elles reforment des réseaux que la politique officielle n'a pas su encadrer, domestiquer ou exploiter[41]. Autrement dit, leur survivance, avec des rythmes particuliers, des obligations, des finalités perceptibles, entretient des passerelles avec le mode de production moderne.

Pour certains chercheurs camerounais[42], il existe en outre une croyance du lien intime entre les êtres et les choses, entre les humains et leurs ancêtres décédés, entre les individus et la dimension de l'invisible; l'unité entre la nature et l'esprit se concevant comme principe de toutes choses. Les pratiques plus ou moins mystiques qui en découlent, contribuent à des représentations polymorphes de la société et l'enrichissement. Il est ainsi courant que la réussite en affaires soit attribuée à quelque force occulte, à l'instar du «Famla» à l'ouest chez les semi-Bantou ou le «Koñg» au sud chez les Bantou. La progression des associations importées (Foi mondiale Bahaïe, Eboga, Eglise scientiste, etc.) est révélatrice de ce besoin de communier avec l'invisible.

De telles manifestations culturelles que la tradition occidentale assimile à «l'ordre du religieux»[43], se situent ici au centre des mécanismes économiques, des circuits de dépendances, des canaux de solidarité et de l'organisation industrielle. Pas étonnant, dès lors, que des phénomènes hybrides prennent forme, entretenant des modalités d'industrialisation en marge du système officiel et indiquant, toute autre considération réservée, «une autonomie de l'action des groupes sociaux subordonnés, une irréductibilité de leurs démarches et une capitalisation culturelle de leurs

---

41. Voir à ce sujet : A. MARIE, «La politique urbaine en Afrique», *op. cit.*, pp. 1154-1155.

42. Voir notamment : J.-C. BAHOKEN, *Clairières métaphysiques africaines. Essai sur la philosophie et la religion chez les Bantou du Sud-Cameroun*, Présence africaine, Paris, 1967, p. 47.

43. J.-F. BAYART, «La société politique camerounaise (1982-1986)», *op. cit.*, p. 32.

acquis historiques [...]. En d'autres termes, les groupes sociaux subordonnés agissent en fonction d'intérêts, de symbolisations et de projets qui ne se résument pas à la rationalité du champ étatique»[44].

Dans certaines situations, constitués en organes de pression au sein d'associations plus ou moins officieuses, bénéficiant des facilités accordées par quelques notables influents, les promoteurs issus de ces groupes sociaux représentent une force propre à modifier, au moins provisoirement, les conditions qui déterminent les décisions dévolues à l'Etat. Animée par une volonté politique de redistribution, et accessoirement engagée autour de l'augmentation du potentiel de production, la dynamique de l'instrumentalité étatique y apparaît par essence instable et peu contributive à long terme.

Dans d'autres cas cependant, on assiste à une auto-organisation pour la réalisation d'objectifs de survie ou plus largement d'une vie économique alternative[45]. C'est la situation qui prévaut notamment dans le cadre des systèmes parallèles et souterrains d'industrialisation.

3.2 Education et recherche technico-scientifique.

Malgré des difficultés de tous ordres (bâtiments, matériels, formation des enseignants...), l'enseignement a connu au Cameroun un certain développement par rapport à la situation qui prévalait au moment de l'indépendance. Le taux de scolarisation des enfants âgés de 6 à 14 ans atteint 88% dans les centres urbains et 46% dans les centres ruraux[46]. Tout compte fait, le taux national d'alphabétisation est l'un des plus élevés d'Afrique, en dépit de fortes disparités régionales.

Pris globalement, le système d'éducation comprend près de 2 millions élèves et étudiants, mais son rendement reste faible en raison des goulots d'étranglement et du manque

---

44. J.-F. BAYART, «L'énonciation du politique», *Revue Française de Sciences politiques*, No 3, Vol. 35, Juin 1985, pp. 343-372, pp. 356-357.

45. S. LATOUCHE, «La transnationalisation, la crise du développement et la fin du Tiers Monde», *Revue Tiers Monde*, No 114, Tome XXIX, Avril-Juin 1988, p. 268.

46. Source : MINPAT, Yaoundé, 1986.

d'infrastructures d'accueil. En moyenne, 60% des élèves arrivent à obtenir leur brevet d'études du premier cycle (B.E.P.C.), et, pour 100 élèves inscrits en classe de seconde, à peine 50% se retrouvent en terminale et 20% au plus obtiennent leur baccalauréat[47].

TABLEAU 2

Effectifs et budgets des instituts de promotion technologique (en millions de FCFA courants).

INSTITUTS	EFFECTIFS DES CHERCHEURS 83-84	84-85	85-86	BUDGETS DE FONCTIONNEMENT 83-84	84-85	85-86
IRA	74	74	101	840.9	3950.4	4954.6
IRGM	31	31	35	709.0	832.3	846.9
IRZ	33	33	56	952.8	1290.3	1490.0
CNDT	-	-	-	50.0	60.0	60.0

Source : MESRES, Direction de la recherche scientifique et technique, Yaoundé, 1987.

S'agissant de l'enseignement supérieur, il compte différentes facultés universitaires et institutions de type classique : Droit et Sciences économiques, Lettres et Sciences humaines, Centre universitaire des sciences de la santé, Ecole normale supérieure, Ecole nationale supérieure d'agronomie, Ecole supérieure des sciences et techniques de l'information, Ecole polytechnique, Institut des relations internationales, etc.

D'autres formations spécifiques sont données dans les domaines administratif et juridique, scientifique et technique,

---

47. J. IMBERT, *Le Cameroun, op. cit.*, pp. 92-93.

économique et financier : Ecole nationale d'administration et de magistrature, Ecole des postes et télécommunications, Institut de statistiques et d'économie appliquée, etc.

Par ailleurs, la promotion technologique s'effectue à travers quatre principaux organismes : Institut de recherches géologiques et minières - IRGM (recherche des ressources naturelles, programmes en vue d'une maîtrise des données énergétiques...); Institut de recherche agronomique - IRA (mise au point des méthodes de conservation des produits, programmes expérimentaux en vue de l'amélioration de la production agricole et forestière...); Institut de recherches zootechniques - IRZ (élaboration des procédés d'élevage, de pêche...); Comité national de développement des technologies - CNDT (promotion des techniques modernes); etc.

Les résultats ne sont pas optimaux, mais quelquefois encourageants. Citons à ce titre : l'inventaire des sources thermominérales par l'Institut de géographie; les remèdes apportés à certaines maladies des arbres et des plantes par l'Ecole nationale supérieure d'agronomie; les retombées des travaux de l'Institut Pasteur sur la pathologie tropicale; etc.

En fait, la recherche scientifique camerounaise est considérée par certains observateurs comme un «exemple de réussite»[48]. Grâce à une politique finalisée dans un petit nombre de domaines (géographie, agronomie, santé, ressources minières...), le pays dispose d'un appareil de recherche moins stérile que chez ses voisins, qui a toutefois encore grand besoin d'une coopération internationale diversifiée, en attendant d'atteindre le point où le dynamisme industriel devient auto-générateur et où la société bénéficie des avantages offerts par le triptyque «science-technique-innovation».

Il convient néanmoins de signaler les blocages issus du manque de formation adaptée, notamment en ce qui concerne les ouvriers spécialisés. La cause réside probablement dans les structures en vigueur, la conception de l'inspection générale et l'insuffisance des moyens d'action sur le terrain; ce que vient compliquer la grande dispersion dans

---

48. Voir à ce sujet : A. RUELLAN, «La recherche scientifique, facteur de développement», *LE MONDE diplomatique,* No 413, Août 1988, p. 24.

les séries d'enseignement, entretenues par des programmes encyclopédiques non orientés vers l'industrie.

Quant au système des écoles d'administration et «grands corps de commandement», on peut déplorer qu'il détourne les élites parmi les mieux aptes à assumer les fonctions de recherche-développement (R-D), en les destinant à des secteurs bureaucratiques clos, soumis à des contraintes multiples: clientélisme politique, faible remise en cause des responsabilités, absence de pluridisciplinarité dans la résolution des problèmes de développement...

Hormis ces difficultés en matière de formation et d'éducation, le Cameroun doit faire face, comme le reste de l'Afrique, à deux phénomènes sociaux préoccupants : la croissance démographique et l'exode rural. La population dont la Banque mondiale prévoit les effectifs à 17 millions en l'an 2000[49], augmente d'environ 3% par année; ce qui réduit la hausse du revenu national par tête à due proportion. De surcroît, cette population se dirige progressivement vers les villes: le taux annuel moyen d'accroissement de la population citadine, entre 1976 et 1986, s'est élevé à 5.6%. Or, le chômage urbain est réel; celui des jeunes présente des dangers socio-politiques latents.

Quelques milliers de diplômés universitaires ont été recrutés dans la Fonction publique entre 1983 et 1985, au risque de rendre celle-ci encore moins performante. L'Université de Yaoundé, complétée par les Centres universitaires de Douala, Dschang, Buéa et Ngaoundéré, croule sous le poids des effectifs de plus en plus importants pour lesquels il n'y aura pas d'emplois disponibles en l'absence d'un renforcement du dispositif industriel.

En résumé, plus d'un quart de siècle après l'indépendance, le système camerounais d'éducation et de formation a entrepris des efforts de scolarisation notables, mais il est loin d'embrasser les nouvelles exigences et de maî-

---

49. BANQUE MONDIALE, *Rapport sur le développement dans le monde 1986*, Banque internationale pour la reconstruction et le développement/Banque mondiale, Washington, D.C., Juillet 1986, p. 246.

triser le flot démographique qui vient cogner à ses portes[50]. C'est également ici que devront se situer les réformes à venir.

4. Le cadre industriel et économique.

L'origine de la santé économique du Cameroun a été, jusqu'au premier semestre 1987, les productions de rente (cacao, café, produits d'extraction...) qui procuraient de confortables recettes financières. Cette relative réussite s'explique cependant par différents facteurs, dont l'examen attentif ne manquera pas d'en atténuer la portée.

4.1 Production et structure de l'économie.

Les comptes publiés montrent que le Cameroun a enregistré, de 1973 à 1986, un taux de croissance annuel moyen du PNB par tête de 3.8%, avec toutefois une accélération en termes réels, entre 1981 et 1986, de 7% l'an. Parallèlement, on pouvait remarquer une progression équivalente du PIB constant[51]. Mais cette évolution favorable des indices connaît aujourd'hui une flexion caractérisée par la chute des prix de matières premières, non compensée par une augmentation de la production. A ces contraintes difficilement maîtrisables, viennent s'ajouter des causes internes qui traduisent finalement la fragilité de l'économie[52].

4.1.1 Secteur primaire.

Bénéficiant d'un climat varié et de sols arrosés, l'agriculture reste une des principales branches de l'économie camerounaise au regard de la formation du PIB et de la répartition de la population active. Les stratégies d'intervention

---

50. D'où des mesures strictes de la part des autorités. Ainsi, par exemple, les bacheliers ayant atteint vingt-cinq ans se voient interdire l'inscription dans certaines disciplines de l'enseignement supérieur.

51. Source : Comptes nationaux (DSCN), Yaoundé, 1988.

52. On notera, dès lors, qu'au niveau du PNB par tête et du PIB, des taux de croissance de 7% sont insuffisants pour qu'il y ait des effets notables sur le front du développement économique.

de l'Etat en milieu rural ont d'ailleurs pris des formes multiples[53] et concernent à la fois les cultures vivrières et les cultures de rente, résultant d'une orientation héritée de l'époque coloniale[54].

La gamme des produits vivriers est étendue : les tubercules (1'780'000 t en 1986-87) poussent presque partout au Cameroun; le macabo-taro (188'000 t) et la banane-plantain (1'042'000 t) sont des cultures de base dans le Sud, complétées par les ignames (96'000 t), les patates douces (50'000 t) et la pomme de terre (42'000 t). Dans la moitié nord du pays, c'est le mil-sorgho (480'000 t) qui est dominant. Les terres particulièrement fertiles de l'Ouest sont propices à la culture des légumeuses (213'000 t) et fruits (943'000 t). La production céréalière dépassait 700'000 t en 1986-87, dont 426'500 t de maïs et 90'000 t de riz paddy.

Certains produits agricoles souffrent de la conjoncture économique internationale. C'est notamment le cas en 1987-88 du thé (3000 t), du cacao (132'800 t) et du café (91'300 t contre 142'700 t en 1986-87)[55]. Les exportations de bananes qui s'élevaient à 80'000 t en 1980 ont chuté à 67'000 t en 1987; elles connaissent actuellement de nombreuses difficultés sur les marchés extérieurs, eu égard aux exigences du conditionnement et du transport[56].

La culture industrielle du coton a été introduite par une société publique de «développement», la SODECOTON, et le tonnage semble désormais stabilisé aux alentours de 115'000 t de coton-graine. La production des sociétés sucrières (SOSUCAM, CAMSUCO, NOSUCA) tourne autour de 100'000 t. Celle de l'huile de palme, à l'Ouest du pays, fut évaluée à 102'251 t en 1987-88 contre 125'000 t en 1986-87. Le tabac de coupe approvisionne partiellement les sociétés locales de fabrication de cigarettes; tandis que le tabac de cape (2002 t en 1986-87), cultivé à l'Est et au Sud-ouest, est entièrement ex-

---

53. Pour Jean COPANS, par exemple, «le paysan est à la fois capturé par l'Etat et prisonnier de l'arène politique qui définit ce dernier», *in* «Une crise conceptuelle opportune», *Politique africaine,* No 26, Juin 1987, p. 6.

54. *Cf.* *«2.1 Les assises historiques».*

55. COMITE MONETAIRE DE LA ZONE FRANC, *La zone Franc : rapport 1988,* Paris, 1989, p. 328.

56. Il faut y ajouter l'absence d'espèces hybrides commercialisées à l'exportation et plus résistantes au transport maritime.

porté pour l'enveloppement des cigares. L'hévéa prospère dans la zone littorale et dans la région occidentale (22'506 t en 1986-87).

Dans l'ensemble cependant, certains points noirs sont à relever : l'essoufflement d'un mode de production désuet qui entraîne un faible rendement des cultures vivrières; le vieillissement d'une partie des actifs agricoles et la dépopulation relative des campagnes; la perturbation des marchés d'exportation régionaux, liée aux difficultés des pays limitrophes; l'abandon progressif des cultures autochtones au profit grandissant des produits importés, modifiant ainsi les habitudes de consommation[57].

Sur le plan de la contribution au PIB, le secteur enregistre globalement un taux de 36.3% (42.8% du PIB marchand); ce qui représente une croissance si l'on compare avec l'exercice 1978-79 durant lequel cette participation se situait encore à 31.6%[58].

Pays agricole, le Cameroun est aussi à vocation pastorale. Si les productions animales et halieutiques permettent une consommation nationale de près de 32 kg d'équivalent-viande par habitant, l'élevage est resté de type sentimentalo-traditionnel[59]. Lorsque les parasitoses s'y ajoutent, il en résulte de faibles résultats que les méthodes de pâturage en vigueur ne peuvent juguler. Le cheptel comptait en 1987-88 environ 4.4 millions de bovins, 5.3 millions d'ovins-caprins, 1'200'000 porcins et 14 millions de volailles.

La pêche industrielle maritime (moins de 100'000 t en 1987-88) ne permet pas encore de satisfaire, aussi bien quantitativement que qualitativement, la demande de poissons de mer. Une usine de surgélation de crevettes (CREVECAM), créée pour l'exportation vers les Etats-Unis, a dû être fermée, faute de résultats convaincants. Quant à la pêche artisanale (35'000 t), elle n'est vraiment active que

---

57. Interview du Président Paul BIYA à la *Cameroon Television*, le 19 février 1987.

58. Source : Comptes nationaux (DSCN), Yaoundé, 1988.

59. La situation la plus courante est celle où «le pasteur vit avec son troupeau et attache beaucoup d'importance à certains traits accessoires des bêtes (couleur du pelage ou longueur des cornes par exemple)» (*in* J. IMBERT, *Le Cameroun, op. cit.*, p. 104; J.-M. GANKOU, *Echange et développement : l'économie du Cameroun*, Economica, Paris, 1985, p. 32).

dans le Littoral et le Nord du pays, notamment sur les rives camerounaises du Lac Tchad et dans les trois fleuves les plus importants de la région septentrionale (le Logone, le Chari et la Bénoué).

La forêt couvre le tiers environ de la superficie camerounaise et 8 millions d'hectares sont actuellement exploités, soit 40% de la superficie réservée à cet effet. On rencontre des espèces comme le bois d'ébénisterie (sappeli, acajou, ébène...), de construction (azobé, iroko...), de déroulage (fromagers, ayous, ilomba...). Les exportations de grumes tournent depuis 1986-87 autour de 350'000 t, malgré la dépression des prix mondiaux.

Les résultats de l'échantillon d'entreprises figurant au portefeuille de la Société nationale d'investissement (S.N.I.) permettent, par ailleurs, d'apprécier l'activité de l'agro-industrie et de la sylviculture. Le taux de croissance de la production qui était, en 1984-85, de 11.8% dans le premier cas et de 16.7% dans le second cas, est confirmé par la progression du chiffre d'affaires du secteur primaire dans son ensemble avec des taux de croissance de 28.8% et 5.9% entre 1983-84 et 1984-85 (*Tableau 3*).

Toutefois, l'augmentation du chiffre d'affaires ne semble pas avoir entraîné celle de la valeur ajoutée (chute de 9.9% durant la période), qui, pourtant, est censée refléter l'aptitude d'un secteur industriel à participer à la richesse nationale. L'essoufflement apparaît encore plus nettement lorsqu'on tient compte des résultats nets des sociétés, où le déficit global a été de l'ordre de 24.8 milliards de FCFA en 1984-85.

Ce qui précède invite finalement à considérer avec prudence la tendance positive observée au niveau des indices de production et du chiffre d'affaires. En fait, certaines contraintes laissent croire à une paralysie des activités du secteur primaire, en particulier l'organisation du marché intérieur et l'efficacité douteuse des techniques importées là où l'adaptation technologique aux facteurs naturels est précisément primordiale. Par exemple, des sociétés aussi importantes que COCAM, ECAM-PLACAGES et SOFIBEL, techniquement déficientes, avec un lourd passif que l'Etat a dû rembourser à *Chase Bank* et à SIFIDA, n'arrivent plus à accroître leur production et à satisfaire le marché intérieur.

TABLEAU 3

Principales sociétés industrielles du secteur primaire (en millions de FCFA).

SOCIETES	Val. ajoutée 83-84	Val. ajoutée 84-85	Ch. d'affaires 83-84	Ch. d'affaires 84-85	Bénéfices nets 82-83	Bénéfices nets 83-84	Bénéfices nets 84-85
Pêche et élevage	860	567	2178	1793	-232	-773	1029
Crevecam	690	233	1734	1053	-333	-801	-1062
Sodepa	170	334	444	740	101	127	33
Agro-industrie	29135	25288	60489	250277	-13087	-3482	-2298
Camsuco	5357	5245	7556	6247	-9416	-3616	-3108
Hevecam	2187	1784	258	556	-	-	-425
Safacam	1823	1960	2394	2594	-86	-211	185
Sct	2240	3497	3830	5256	272	574	1249
Sosucam	3654	3753	6408	5995	-128	-305	2
Socapalm	6200	7982	5005	11121	-805	368	1329
Sodeble	-405	-130	594	742	-788	-476	-475
Sodecao	-2350	-2452	-	-	-	-	-
Sodecoton	9385	2313	27621	28157	-893	221	-183
Sodenkam	51	-47	356	785	-149	69	20
Spfs	431	686	167	416	-125	-52	8
Zapi-est	793	703	6300	3468	-969	-936	-900
Bois et papier	1351	2425	8438	8168	-38855	-35899	-21491
Cellucam	-1414	-516	950	18	-36559	-34859	-20293
Cfgg	0	-	0	0	-332	0	-
Cocam	396	438	1032	1371	-548	-23	-389
Ecam-placage	64	885	2014	2562	-277	-185	22
Sofibel	2305	1618	4442	4217	-1139	832	-821
Total	31396	28280	71105	75338	-52174	-40615	-24818

Source : S.N.I., Yaoundé, 1987.

D'autres grandes firmes, suscitées au cours du IIIe plan quinquennal par l'option en faveur de l'agro-industrie (CAMSUCO, SODEBLE, SODECAO, HEVECAM, ZAPI-EST...), n'ont pas réussi à répondre aux attentes des autorités, encouragées par certains consultants, ensembliers et financiers internationaux dans leur volonté de rompre avec les servitudes des cultures traditionnelles d'exportation[60]. Dans bien des cas, la planification agro-industrielle ne s'est finalement résumée qu'à la budgétisation des projets d'investissement désirables au lieu de s'élever au rang d'un exercice rigoureux et globalement intégré. Il se pose alors la question du maintien à long terme des entreprises concernées en l'absence de modifications conséquentes.

4.1.2 Secteur secondaire.

La structure du PIB global, entre 1978-79 et 1988-89, exprime une tendance favorable au bénéfice du secteur secondaire, dont le poids est passé de 18.3% à environ 27.7% (*Tableau 5*). En étudiant les données par domaines d'activités durant les deux dernières années précédant l'amplification des effets de la crise (1983-84 et 1984-85), l'évolution de la production industrielle accuse une amélioration dans les sous-branches suivantes[61] : «industries alimentaires» (+30.2% et +8.7%), «boissons & tabacs» (+8.8% et +20.4%), «textiles & confection» (+1.2 et 4.6%), «industries du papier» (+23% et +12.5%), «matériaux de construction» (+11.2% et +14.3%). Tandis qu'on enregistre une détérioration dans les «chaussures & cuirs» (-14.8% et -5%), les «industries manufacturières» (-4.3% et -15.9%), la «métallurgie de base» (+40.1% et -23.2%) et les «appareils mécaniques, électriques & métallurgiques» (+14.2% et -18.6%).

Toutefois, à l'instar du secteur primaire, les indices de production sont insuffisants pour apprécier l'efficacité du

60. Voir à ce sujet : J.-C. WILLAME, «Cameroun : les avatars d'un libéralisme planifié», *Politique africaine*, No 18, Juin 1985, pp. 45-56.
61. Source : MINPAT, Yaoundé, 1987.

secteur secondaire. Il semble intéressant de considérer également, ici, les comptes d'exploitation.

TABLEAU 4

Principales sous-branches du secteur secondaire (en millions de FCFA).

SOUS-BRANCHES	Val. ajoutée 83-84	Val. ajoutée 84-85	Ch. d'affaires 83-84	Ch. d'affaires 84-85	Bénéfices nets 82-83	Bénéfices nets 83-84	Bénéfices nets 84-85
Matériaux de construction	7419	7224	22763	26079	-273	1896	1913
Industrie alimentaire	49446	61823	94924	106948	4113	4487	5157
Cuirs & peaux	2545	3487	4309	7023	-163	-912	-285
Textiles & confection	7207	9329	32445	37657	-1778	-2283	-660
Métallurgie & électronique	19307	17635	80189	87124	-6941	-1779	-3447
Total	85924	99458	234630	264831	-5043	1409	2678

Source : S.N.I., Yaoundé, 1987.

Les chiffres fournis par le Syndicat des industriels du Cameroun montrent, à cet égard, que le chiffre d'affaires hors taxe des sous-branches du secteur secondaire a baissé de 2.3% entre 1984 et 1985. Ce fléchissement est consécutif à la détérioration dans les activités suivantes[62] : «bois, ameublement & papier» (-22%); «métallurgie, mécanique & construction métallique» (-22.6%); «électricité & électronique» (-5.4%). Alors que des résultats positifs sont enregistrés dans

62. Source : SYNDUSTRICAM, Douala, 1987.

l'«alimentation, boissons & tabacs» (+8.4%), l'«imprimerie» (+29.5%), la «pétrochimie, plastique & caoutchouc» (+9.1%).

Les mauvaises performances des premières activités peuvent être considérées comme des signes précurseurs d'un malaise qui s'est poursuivi entre 1986 et 1990, au moment où, en revanche, les activités de l'«alimentation, boissons & tabacs», apparemment plus attrayantes pour les investisseurs, sont venues renforcer le dispositif industriel en place.

En étudiant les informations de la S.N.I. sur les entreprises relevant de son portefeuille, on constate la même amélioration que *supra* dans les industries alimentaires (*Tableau 4*). Ce qui est surtout le reflet de la Société anonyme des brasseries du Cameroun (SABC), qui, à elle seule, intervient pour plus de 80% dans la génération des bénéfices de la branche.

Quant aux chiffres honorables dans les matériaux de construction (bénéfices de 1913 millions de FCFA en 1984-85), quelques raisons peuvent être évoquées : d'une part, les résultats favorables ne sont apparus qu'après l'exercice 1982-83, à la suite de la fermeture d'une entreprise du groupe, CERICAM, soutenue jusque-là à bout de bras; d'autre part, la progression observée dans le chiffre d'affaires de CIMENCAM témoigne surtout des répercussions à court terme que l'on peut attendre d'une industrie protégée, recourant, du reste, à un prix de ciment parmi les plus élevés du monde.

A l'exception de ces deux sous-branches, les activités de la Société nationale d'investissement paraissent pour le moins délicates, notamment dans la métallurgie, la mécanique, l'électronique et la construction métallique.

En réalité, bien que les entreprises publiques et mixtes bénéficient souvent de situations proches du monopole, elles sont loin d'être toutes créatrices de richesses et capables d'assurer de manière autonome leur pérennité. Parmi les causes de cet insuccès, deux explications semblent d'emblée à retenir : la non-maîtrise des coûts de production et la gestion approximative des firmes.

En effet, la situation de quasi-monopole permet d'assumer facilement le système officiel d'homologation des prix. Mais si les coûts d'exploitation en viennent à augmenter plus vite que les tarifs homologués, les entreprises voient leurs capacités d'autofinancement s'émousser. Et le processus de hausse a de fortes chances d'être réactivé dans un *cycle cumulatif d'homologations*, sauf si les pouvoirs publics acceptent de subventionner les agents économiques intéressés. Hélas! une telle politique est difficilement supportable dans une période d'austérité budgétaire, notamment au Cameroun où, désormais, la formation du capital accuse une réelle décélération depuis la baisse des rentes d'exportation.

A ce qui précède faut-il ajouter les inconvénients d'une gestion insuffisamment rigoureuse que réussissent parfois à aggraver les pressions multiformes en matière d'emploi et de politique d'entreprise. On peut signaler, à cet égard, la pratique qui consiste à engager des collaborateurs sur la base de «recommandations» des personnalités influentes, indépendamment des compétences, des besoins réels en personnel et des équilibres financiers.

Ce phénomène est particulièrement alarmant si l'on met en parallèle le fait que la contribution des industries manufacturières dans le PIB marchand est restée inférieure à 15%. Même le secteur du textile et de la confection qui semblait en essor à la fin des années 70, soulève des difficultés de grande ampleur (SOLICAM, SYNTECAM...), dues à l'alourdissement des dettes, à la forte dépendance vis-à-vis de l'extérieur en matière d'approvisionnement, au faible rythme de substitution des produits offerts, à l'obsolescence des équipements industriels faute de programmation de l'horizon technologique des installations.

Si une nette progression de la production intérieure est apparue récemment dans les industries extractives (croissance moyenne de 35% entre 1980-81 et 1984-85), celle-ci ne semble pas avoir joué un rôle impulsif dans les activités manufacturières dont le taux de croissance de la valeur ajoutée a progressé plus lentement que le PIB. Pourtant, on aurait pu s'attendre à ce que ce secteur s'impose comme le moteur de la croissance. C'est plutôt d'un revers qu'il convient de parler ici; revers sans doute connu des décideurs nationaux, qui se trouvent par surcroît devant de nombreux obstacles comme celui d'une forte proportion de la population rurale aux revenus modestes ne concourant pas à une demande intérieure éloquente[63], ou encore, celui des entreprises soumises aux détournements de fonds et ne disposant que d'un accès restrictif au marché des capitaux.

Ce qui tend à signifier non seulement que l'industrie manufacturière demeure embryonnaire, mais aussi que la rente pétrolière et les potentialités existantes n'ont pas contribué à renforcer l'industrie nationale.

Il faut néanmoins reconnaître que le Cameroun a pu jusqu'en 1986 limiter les effets de la crise internationale en gérant les recettes pétrolières de façon plus prudente que ne l'ont fait d'autres pays de la zone, à l'intention desquels Jacques Giri note ceci : «Les navires de la flotte [...] n'ont pas su ou pu se doter de bons moteurs aux temps où les vents étaient favorables. Et, lorsque les mauvais vents de la sécheresse, du prix du pétrole ou de la dégradation des termes de l'échange se sont levés, la plupart des navires se sont trouvés désemparés et un certain nombre d'entre eux s'en vont à la dérive»[64].

Toutefois, la production pétrolière qui tournait ici autour de 9 millions de tonnes en 1985, a été réduite à 8 millions de tonnes en 1988[65]. En dépit de la discrétion observée dans ce domaine[66] où la valeur des exportations se chiffrait encore à près de 128 milliards de FCFA durant l'exercice 1981-82 (41.8% du total des exportations), les renseignements en notre possession donnent à penser que les autorités ont eu raison de ne pas tout miser sur le pétrole dont le plafond de production n'est pas loin d'être atteint, les réserves connues ne dépassant guère les 80 millions de tonnes.

La volonté de ne pas conserver des actifs uniquement en francs français, d'éviter une injection brutale des revenus d'exportation et une forte «hydrocarburisation» de

---

63. Selon un rapport de la Banque mondiale, 40% des ruraux vivaient en dessous du seuil de pauvreté en 1977-1978, contre 15% des citadins (*in* WORLD BANK, *The United Republic of Cameroon : Economic memorandum*, Report No 2877-CM, Washington, Avril 1980).

64. In *L'Afrique en panne : vingt-cinq ans de «développement», op. cit.*, p. 156.

65. COMITE MONETAIRE DE LA ZONE FRANC, *La zone Franc, op. cit.*, p. 329.

66. Il s'agit d'un sujet presque tabou auquel le VIe plan de développement n'accorde qu'un petit paragraphe dans son chapitre consacré à l'exploitation des mines et de l'énergie.

l'économie, mais aussi de disposer d'un «trésor de guerre» pour le financement des projets de développement, des dépenses plus ou moins «somptuaires»[67] et la couverture des déficits, a conduit à minorer le montant officiel des recettes en la matière, à la faveur de comptes extérieurs «hors budgets» (*escrow accounts*). Mais les récentes crises du marché pétrolier se font aujourd'hui sentir avec acuité dans l'activité économique générale et mettent finalement en lumière le problème ardu de la dynamisation des activités manufacturières de base.

4.1.3 Secteur tertiaire.

Dans l'ensemble, le secteur tertiaire accuse une détérioration dans sa participation au PIB (*Tableau 5*). Sur la base des chiffres disponibles, sa contribution au PIB marchand qui était de 41.2% en 1978-79 n'a cessé de décroître pour s'établir en 1988-89 à 24.6%, soit 20.9% du PIB global contre 35.5% dix ans plus tôt.

Parmi les activités du secteur tertiaire, le tourisme occupe une place non enviable. On peut, en effet, constater que tous les moyens n'ont pas été mis en oeuvre pour encourager ce domaine de l'économie, et sa contribution à la production du secteur n'a jamais dépassé 5%. Les efforts n'ont porté jusqu'à présent que sur un «tourisme sélectif», qui, apparemment, semble favoriser la couverture du coût des installations existantes (moins de 8000 lits)[68]. Doit-on y voir une minimisation des retombées bénéfiques, en l'occurrence en devises, sur un créneau où les dépenses en infrastructures et en capacités modernes d'hébergement requièrent des importations consistantes en matériaux de construction, en services expatriés, en alimentation et en réseaux de communication vers des sites cynégétiques ou de loisirs, dépassant les prévisions raisonnables de rentrées des capitaux au regard du volume touristique espéré ? Ou plutôt, ne s'agit-il simplement que d'une

---

67. Voir à ce propos : G. MOUTARD, «Quelles chances pour la politique du Président Biya ?», *Afrique Contemporaine*, No 139, La Documentation Française, Juillet-Août-Septembre 1986, p. 28.

68. Quelques chaînes hôtelières internationales (SOFITEL, IBIS...) en assurent la gestion.

méfiance à l'égard des modes de vie susceptibles d'être colportés ?

TABLEAU 5

Evolution du PIB (en milliards de FCFA courants et en %).

	78-79	82-83	84-85	86-87	88-89
PIB à prix constants	703	1616	2426	2384	1768
PIB à prix courants	1146	2618	4071	3890	2867
dont en % :					
Marchand	85.4%	86.5%	86.1%	85.9%	84.9%
- primaire	31.6%	23.2%	24.5%	31.2%	36.3%
- secondaire	18.3%	33.1%	33.2%	29.6%	27.7%
- tertiaire	35.5%	30.2%	28.4%	25.1%	20.9%
Non marchand	14.6%	13.5%	13.7%	14.1%	15.1%
- administration publique	6.4%	6.2%	6.3%	6.5%	6.9%
- IPSBL/SD/DI*	8.2%	7.3%	7.4%	7.6%	8.2%

Source : DSCN, Yaoundé, 1987; COMITE MONETAIRE DE LA ZONE FRANC, *La zone Franc, op. cit.*, p. 327.

* IPSBL : institutions privées sans but lucratif, SD : services domestiques, DI : droits et taxes sur importations.

Ce qui est cependant sûr, c'est que les différentes régions camerounaises offrent un potentiel touristique remarquable : parcs nationaux, réserves de faune et de chasse dispersées dans le Nord-Cameroun, paysages lunaires des *Kapsiki* et *Rhumsiki*, lacs et chutes naturelles de l'Ouest, côtes balnéaires le long de la façade sur l'Atlantique, particularités micro-climatiques de Dschang, artisanat bamileké, folklore bamoun...

Du côté des services de transports, les liaisons ferroviaires, aériennes et maritimes sont assurées par trois grandes compagnies nationales. Après la mise en service de la ligne reliant le Littoral et le Nord en février 1974, la longueur des voies ferrées a été portée à 1173 km. Dans le cadre des relations avec l'extérieur, la société *Cameroon Shipping Lines* est opérationnelle depuis 1975. Créée en 1971, la compagnie *Cameroon Airlines* a le monopole de l'exploitation des transports aériens internes et des droits de trafic sur le plan international.

En 1983, on chiffrait la production de la sous-branche «transports et télécommunications» à 128.8 milliards de FCFA contre 19.1 milliards en 1978. Si l'évolution en valeurs atteste d'une nette progression, il faut dire que la contribution de cette sous-branche dans le secteur tertiaire n'a pas enregistré d'amélioration notable (15.7% contre 14%).

Le marché des assurances était partagé en 1988 par six principales sociétés, dont l'une (SOCCAR) à prédominance de capitaux publics. L'un des problèmes qui se posent au niveau de leur fonctionnement, reste la lenteur dans le traitement des dossiers et l'indemnisation des sinistres.

La production la plus élevée du tertiaire est celle des établissements de crédits et loyers. De 400 millions de FCFA environ en 1977-78, elle a atteint 355'200 millions en 1982-83[69], soit 43.3% de la production totale du secteur. Tandis que les activités commerciales ont vu, durant la même période, leur poids passer de 77% à 36.7%. Ces chiffres donnent finalement une idée sur l'orientation favorite des transactions : les crédits et les loyers, plus rémunérateurs à court terme, prennent progressivement la place centrale qu'occupait jadis les autres sous-branches du tertiaire.

Le réseau actuel des banques commerciales regroupe une majorité de sociétés dont l'implantation est relativement ancienne. Certaines d'entre elles ont connu de graves déconfitures entre 1987 et 1990. Les établissements financiers privés sont surtout dominants dans les opérations de crédit à la consommation. Il s'agit essentiellement de sociétés détenues par un groupement français d'intérêt économique.

---

69. Source : Comptes nationaux (DSCN), Yaoundé, 1988.

En dépit de l'obligation réglementaire qui est faite aux banques commerciales de réserver 20% de leurs prêts à la petite clientèle nationale, les statistiques du Conseil national du crédit (C.N.C.) montrent que le niveau des prêts octroyés aux PME ne se situe qu'autour de 15%. Le volume le plus important semble, de surcroît, accordé sur une période inférieure à 2 ans et représente ainsi 3 fois les montants accordés à moyen terme[70]. Nous reviendrons sur cette situation qui a des implications quant au financement des activités motrices.

4.2 Tissu industriel et marchés d'échanges.

En tant que trame pré-existante sur laquelle le développement économique a besoin de s'appuyer, le tissu industriel devrait englober, en plus des industries, des services (transports, communication, distribution d'énergie...) et des infrastructures (routes, chemins de fer, ports, aéroports) utiles aux entreprises pour exercer leurs activités sur les différents marchés. A la réflexion, le Cameroun, comme les autres pays africains, présente un tissu industriel fragile à bien des égards.

4.2.1 Industries et déséquilibre régional.

Nombre d'industries découlent de l'exploitation des ressources de base. Diverses sociétés d'exploitation forestière (SOFIBEL, COCAM...), agro-industrielles (SOSUCAM, CAMSUCO, SAFACAM, SOCAPALM, SODECAO, SODEBLE...) ont vu le jour. A l'exploitation agricole et forestière s'ajoute celle du pétrole, assurée par différents sociétés étrangères. Considéré comme le premier producteur d'énergie électrique des pays africains de la zone Franc, l'établissement SONEL en a le monopole de la production et de la distribution.

Dans les autres secteurs importants, on retrouve les principales entreprises de la chaussure (BATA, SACC...), des matériaux de construction (ECAM-PLACAGES, CIMENCAM...), des boissons et tabacs (SABC, BASTOS...), de l'aluminium

70. Source : Centrale des risques, BEAC, Yaoundé, 1989.

(ALUCAM, ALUBASSA...), de la chimie et parachimie (CCC, SAPCAM...), de montage des équipements et appareils (FAEM, EQUATORIALE ELECTRONIQUE...), etc.

Plus de la moitié de ces entreprises sont à participation publique. Seule la sous-branche «Boissons & tabacs» trouve grâce aux yeux des bailleurs de fonds privés camerounais, qui y constituent les premiers investisseurs avec 40% environ du capital. Si l'on considère les chiffres d'affaires réalisés, une entreprise protégée et ses filiales, ALUCAM (du groupe français PECHINEY), enregistre plus de 20% des ventes totales de l'industrie de transformation.

S'il est vrai que la crise mondiale, les difficultés de l'exportation à des prix compétitifs, l'étroitesse du marché intérieur, affectent certaines grandes entreprises, on peut aussi noter l'insuffisance des services de maintenance, la non-complémentarité de certaines industries, la déficience des circuits de distribution et la forte polarisation industrielle autour de l'axe Douala-Edéa-Yaoundé.

Prenons, par exemple, le cas de Douala : sur les 150 sociétés industrielles répertoriées dans le fichier *Ediafric*, 105 y sont implantées. Au niveau des banques privées, ce phénomène se trouve amplifié. De même, les principales entreprises, aussi bien par leur taille que par leurs capitaux, se concentrent dans cette ville portuaire. Raisonnable, dira-t-on, mais il en résulte un manque d'harmonie et de coordination des projets d'investissements qui ont tendance à se neutraliser, reflétant somme toute une désarticulation des filières industrielles. Or, une stratégie susceptible d'établir un fil conducteur entre secteurs productifs implique un aménagement et une répartition spatiale des activités.

Au total, le réseau camerounais d'industries apparaît déséquilibré : présence d'industries de biens de consommation (brasseries, huileries, textiles...) et d'assemblage (équipements ménagers, appareils électriques...) au niveau d'intégration modeste; faiblesse d'industries de biens intermédiaires (pièces élémentaires, machines, moteurs...); existence de complexes de transformation souvent isolés; carences de l'entretien et de la réparation exprimant les lacunes de l'innovation technique locale.

4.2.2 Communication et infrastructures.

Dans le domaine des transports, une place de choix a été donnée dans les projets gouvernementaux à la réhabilitation du réseau routier, ferroviaire et aérien. Si ces nouvelles orientations sont conduites à terme, elles pourraient modifier le paysage sociologique et contribuer favorablement à l'industrialisation du pays.

Pour le moment, le Cameroun compte environ 65'000 km de routes, dont 9% sont bitumées[71], nécessitant une amélioration pour faire face à l'augmentation du trafic et du poids des véhicules. Le développement espéré s'avère lent, compte tenu des difficultés dues au relief assez accusé, à la traversée des fleuves et aux dégradations périodiques causées par la saison des pluies. La seule maintenance pose des problèmes aigus d'organisation qui entravent l'activité des autres secteurs économiques. Et aucune des routes traversant les frontières n'a actuellement, dans sa structure, une valeur d'axe international d'échanges.

La ligne du chemin de fer «Transcamerounais» qui relie le Littoral, le Sud et le Nord constitue, sur le plan géographique, une véritable épine dorsale des transports lourds du pays; mais sa capacité reste insuffisante pour couvrir l'ensemble des besoins existants. Malgré le ré-alignement déjà entrepris sur les grands parcours, le réseau n'est pas en mesure de supporter un trafic industriel consistant, en raison de difficultés d'ordre technique et de conception des ouvrages. Les voies y sont à écartement étroit (0.8 m) dont la charge maximale admissible est de 15 t, alors que l'écartement requis (1.44 m) devrait porter cette limite à 30 t. De plus, les possibilités d'extension se trouvent compromises par les éléments de stabilité des ouvrages de franchissement (viaducs, remblais...).

Quant aux infrastructures portuaires, Douala assure 92% du trafic et constitue une sorte de «mégaport» dont les effets d'entraînement ne sont pas toujours faciles à cerner, tant sont contradictoires la nécessité d'une diversification des moyens de pénétration vers l'intérieur du continent, notamment vers le Tchad et la République Centrafricaine, et la concentration

71. Source : Ministère de l'Equipement, Yaoundé, 1987.

des possibilités existantes en un pôle démesurément privilégié. En dépit de l'ensablement de la passe, le port de Kribi permet l'exportation du bois de la région, alors que le port de Limbe-Tiko demeure stationnaire.

Il se pose néanmoins dans ces installations portuaires la question des capacités d'accueil. L'étude conduite par *Motor-Colombus* à la demande de la «Mission d'Etudes pour l'Aménagement du Littoral» note cette insuffisance et le scepticisme de voir les objectifs industriels visés par le gouvernement se réaliser sans la construction du port en eau profonde de Grand-Batanga.

Parmi les navires accostant au cameroun, ceux de la *Cameroon Shipping Lines* maintiennent un service plus ou moins régulier depuis Hambourg jusqu'à Douala, facilitant tant bien que mal le commerce extérieur. Le transport fluvial est périodique et essentiellement effectué au Nord, sur la Bénoué; les ports de Mbalmayo sur le Nyong et de Moloundou sur la Ngoko, qui, dans le passé, avaient permis de manipuler de gros tonnages de bois, semblent avoir été livrés à eux-mêmes.

En raison de sa position géographique, le Cameroun possède sans doute l'un des trafics aériens les plus importants d'Afrique. Malgré une exploitation déficitaire, les réseaux extérieurs *Cameroon Airlines* (CAMAIR) sont au nombre de deux: Cameroun-Afrique-Cameroun et Cameroun-Europe-Cameroun[72]. La compagnie nationale tente, en outre, de désenclaver les provinces du pays et le Tchad, mais les installations coûteuses qui ont été mises en place dans les aéroports soulèvent des difficultés de maintenance.

Bien que les services de postes et télécommunications, de ramassage et de distribution des envois, soient peu denses et souvent irréguliers, une liaison micro-onde par faisceaux hertziens existe entre plusieurs villes du pays. Il n'en reste pas moins que le problème de la maîtrise technique de ce réseau n'est pas encore résolu, en particulier l'entretien des unités de commutation. Un soin devra, sans conteste, y être apporté si

---

72. A la demande de la Banque mondiale, le gouvernement prévoit environ 500 «départs» parmi le personnel, ainsi que la vente en *cession-bail* du Boeing 747 et de deux des trois 737 de la compagnie.

l'on veut en attendre une amélioration des transactions commerciales.

4.2.3 Marché intérieur et commerce extérieur.

Les échanges à l'intérieur du pays s'effectuent dans deux types de marché :

- le marché informel selon lequel le petit détaillant, étalant sa marchandise sur un éventail de fortune, présente soit les produits de sa récolte, soit les biens que lui procure une chaîne plus ou moins complexe de revendeurs;
- le marché moderne selon lequel les circuits urbains de commercialisation font appel à des services de transport et à des canaux d'échanges plus structurés.

Les réseaux informels ont l'avantage d'irriguer les zones d'achat dispersées que le commerce institutionnel ne touche pas, si bien qu'une forte proportion des consommateurs traditionnels sont desservis par cette voie. Mais ils ont aussi la particularité de ne pas respecter les réglementations en vigueur et de ne pas participer aux recettes fiscales.

Tout bien considéré, le marché intérieur reste étroit et anémique. A l'exception de quelques biens usuels ou subventionnés, la difficulté qu'ont certaines industries locales à écouler leurs productions au-dessus de la masse critique nécessaire, se traduit par une sous-utilisation des capacités. La substitution des importations par la production nationale a permis de satisfaire la demande courante des biens de masse. Aujourd'hui, le marché qu'auraient de nouveaux produits n'est pas assez dense pour justifier des mégaprojets, en dehors d'unités destinées à exploiter certaines ressources naturelles. Or, le protectionnisme croissant rend de plus en plus problématique l'accès aux marchés internationaux.

Aux barrières politiques et commerciales faut-il adjoindre le handicap que constituent, comme nous l'avons vu plus haut, les infrastructures de transport dont le schéma général a été élaboré à l'époque coloniale et qui visait moins à relier les fractions du marché intérieur qu'à faciliter l'acheminement des matières premières vers le littoral et l'importation des produits manufacturés.

A supposer d'ailleurs que le marché national en vienne à être décloisonné, la forte proportion rurale de la population (65% environ) qui devrait constituer l'essentiel de la clientèle pour l'industrie, souffre d'un système de ponction des revenus agricoles, résiduellement insuffisants pour l'acquisition d'autres biens que ceux de première nécessité. La baisse des cours des produits de rente sur les marchés mondiaux n'a fait que réduire la part du «gâteau» à partager entre l'Etat et les paysans[73].

Certes, la politique agricole camerounaise reste, avec celle de la Côte d'Ivoire et du Malawi, assez exceptionnelle en Afrique, la plupart des pays imposant des rémunérations plus faibles aux producteurs[74]. Toutefois, il faut aussi admettre que le maintien d'un prix d'achat compris entre 30% et 60% d'un prix du marché mondial déprimé[75] finit par rétrécir les possibilités pour les intéressés d'acquérir des biens manufacturés[76].

Pour ce qui est des échanges extérieurs, la balance commerciale publiée par les services officiels semble chroniquement déficitaire[77]. A première vue, ce déséquilibre est la conséquence de la stagnation des tonnages exportés et de la baisse des cours de produits de base (coton, bananes, cacao, café, caoutchouc, tabac, huile de palme...).

A l'inverse, la forte progression des importations est, pour une part essentielle, due aux achats industriels. Les biens d'équipement, les importations technologiques et les consommations intermédiaires des entreprises ont d'ailleurs un poids prépondérant (près de 50% du total). En 1984-85,

---

73. Il faut rappeler que le prix de la récolte des planteurs est fixé sur tout le territoire par le gouvernement en fonction de l'évolution des bourses internationales de matières premières et des besoins propres de ses offices.

74. Voir à ce sujet : G. GRELLET, *Stratégies et structures du développement économique, op. cit.*, p. 244.

75. Pour mémoire, le prix d'achat au planteur d'un kg de cacao et de café est resté inférieur à 450 FCFA. Le prix officiel pour la saison cacaoyère 1988-1989 s'élevait à 420 FCFA et a fortement chuté en 1989-1990.

76. P. BIYA, *Pour le libéralisme communautaire, op. cit.*, p. 66.

77. Source : Données officielles de la D.S.C.N., Yaoundé, 1987; UNO, *Monthly Bulletin of Statistics*, ST/ESA/STAT/SER.Q/173, Vol. XLI, No 5, Mai 1987, pp. 128-129.

les biens d'équipement industriel constituaient à eux seuls 23.8% de ce poste, avec cependant des acquisitions de machines et appareils de forage de l'ordre de 29.442 millions de FCFA contre 16.629 millions en 1983-84[78].

TABLEAU 6

Evolution de la balance des paiements (en milliards de FCFA).

	1984	1985	1986	1987	1988
Balance commerciale	229.1	220.3	153.2	76.3	68.5
- exportations	694.3	730.6	719.2	507.5	491.0
- importations	465.2	510.3	566.0	431.2	422.5
- couverture (%)	149.3	143.2	127.1	117.7	116.2
Transactions courantes	-73.8	-252.2	-190.8	-268.3	-191.5
Balance globale	-39.8	+27.4	-28.7	-140.9	+24.7

Source : COMITE MONETAIRE DE LA ZONE FRANC, *La zone Franc, op. cit.*, p. 331.

S'agissant de la balance des paiements, les statistiques rendues publiques par la Direction de la comptabilité nationale indiquent que le solde des opérations courantes a suivi à peu près la même courbe que celle du déficit commercial; notamment pour les années 1979-80 (-38.3 milliards de FCFA), 1980-81 (-158.1 milliards) et 1981-82 (-216.4 milliards).

Parmi les biens exportés, les produits agricoles ont pris un tournant capital en 1978 et représentaient 85% des ressources en devises. Leur contribution a cependant chuté, dès 1980, à la suite des exportations de pétrole brut (environ 40%

---

78. Source : MINPAT, Yaoundé, 1987.

en valeurs pour un volume supérieur à 7'000'000 t jusqu'en 1988) et de la baisse des cours des produits de base (poids de près de 50% dans la structure des exportations). Encore faut-il rappeler que les recettes pétrolières n'étaient, à dessein, que partiellement incluses dans les comptes officiels. Ce qui incite à relativiser le déséquilibre apparent de la balance publiée du commerce extérieur pendant cette période.

Selon les statistiques corrigées des exportations (*Tableau 6*), la situation apparaît en effet excédentaire, avec des taux de couverture supérieurs à 115%. Hormis la pierre d'achoppement que constituent les transactions courantes, la plus grande déception vient du fait que la progression des exportations industrielles (produits de l'aluminium, bois bruts et travaillés, sous-produits du cacao...) est lente, voire déclinante (poids inférieur à 10% dans la structure révisée des exportations). A l'origine de cette situation, on peut retenir le manque de compétitivité, l'insuffisance des méthodes d'organisation, le coût élevé du personnel expatrié, la qualité médiocre de certains produits manufacturés et la conception inadaptée des projets industriels.

En ce qui concerne l'orientation favorite des échanges avec les pays non africains, la C.E.E. est restée le principal partenaire du Cameroun en 1987 (64.7% des importations et 68.3% des exportations), avec toutefois la France comme fournisseur privilégié[79]. La CEE est suivie par le Japon, la Corée du Sud et Taïwan qui enregistrent conjointement 13.7% des importations et 1.9% des importations. Les Etats-Unis et le Canada ont vu leurs exportations décliner (3.8% des importations et 7.4% des exportations) par rapport à la période 1983-84, durant laquelle ils se plaçaient en deuxième position.

Le phénomène semble en partie tributaire des liens étroits que le Cameroun entretient avec ces pays et de son appartenance à la zone Franc. Il en résulte non seulement des avantages en matière de revenus, mais également des contraintes au niveau de la spécificité des biens exportés (prédominance des produits primaires) et importés (produits manufacturés à fort coefficient de devises). L'essentiel des

79. CNUCED, *Handbook of international trade and development statistics 1989, op. cit.*, pp. 111-123.

échanges avec l'Afrique (5.8% des importations et 17.6% des exportations) s'effectue avec les pays membres de l'U.D.E.A.C., la Côte d'Ivoire et le Nigeria.

4.3 Finances et planification nationale.

Si l'endettement et le budget constituent d'autres indicateurs de la situation économique, il convient de noter, ici, que leur bonne tenue entre 1975 et 1986 a été largement assurée par des ressources d'origine nationale, grâce notamment à la progression de l'exploitation pétrolière. Quant au financement de l'économie, les résultats semblent attester que l'intermédiation financière n'a pas fonctionné en faveur des secteurs aussi fondamentaux que l'agriculture et l'industrie manufacturière.

4.3.1 Intermédiation financière et système bancaire.

La monnaie en usage, liée au franc français par une parité fixe, est le franc de la coopération financière en Afrique (1 FCFA=0.02 FF). Le Cameroun est ainsi tenu de respecter, à l'instar de tous les autres Etats de la zone, la réglementation des changes en vigueur. La Banque des Etats d'Afrique centrale (B.E.A.C.) dont le siège est à Yaoundé, a non seulement le monopole de l'émission des billets et pièces métalliques dans les six pays membres (Cameroun, Congo, Gabon, Guinée Equatoriale, République Centrafricaine, Tchad), mais intervient également dans le financement des opérations à court terme; tandis qu'un organisme parallèle, la Banque de développement des Etats de l'Afrique centrale (B.D.E.A.C.), a pour mission l'octroi des crédits à long terme.

Si le refinancement des banques commerciales n'a cessé d'augmenter en valeur absolue (163.3 milliards de FCFA au début de 1985 contre 20.2 milliards à la fin de 1973), sa proportion par rapport aux ressources bancaires globales[80] tra-

---

80. Source : MINPAT, Yaoundé, 1987.

duit quelque désengagement vis-à-vis de la B.E.A.C. (16% contre 25%).

Plusieurs hommes d'affaires soulignent l'inadaptation du secteur financier aux réalités locales[81] : «[...] la banque est encore un corps étranger, incapable de drainer l'épargne nationale et de soutenir l'effort des opérations économiques»[82]. Dans le clavier des reproches souvent entendus, l'octroi des crédits à l'industrie est fréquemment rappelé.

On constate, en effet, que des lacunes ont freiné, durant la dernière décennie, la volonté politique des objectifs initialement fixés aux organismes financiers, notamment le non-respect de la réglementation en vigueur (par exemple, quotas des crédits et des encaisses) et le désintérêt pour les activités industrielles productives. On pouvait ainsi remarquer, au début de l'année 1986, un attrait des bailleurs de fonds pour les activités commerciales (49.7% du total des crédits à court et à long terme) au détriment de l'industrie (45.7%) et de l'agriculture (4.6%). Ces ratios sont encore plus décevants lorsque l'on restreint l'analyse aux crédits à court terme[83] : le commerce représente 57.2% d'utilisation des prêts bancaires, l'industrie 38.8% et l'agriculture 4%.

Sur le plan macro-économique, cela signifie que les ressources financières ont été davantage injectées dans les créneaux à faible effet multiplicateur, au moment où l'encouragement d'un faisceau d'activités propres à l'industrie et de services autour de la production aurait dû s'imposer comme une double nécessité. Or, l'épargne intérieure ne suffit pas à soutenir une croissance industrielle continue[84], eu égard non seulement à l'insuffisance de l'autofinancement dans les entreprises, mais aussi à la stagnation de l'épargne privée.

Qui plus est, l'investissement étranger est resté en deçà du niveau que le gouvernement avait escompté, suite aux diverses mesures incitatives et à la maîtrise des contraintes

---

81. A. BOUTAT, *Les transferts internationaux de technologie comme instrument de développement industriel, op. cit.*, pp. 344-347.

82. J. ONOBIONO, Industriel et homme public camerounais; in *Jeune Afrique Economie*, No hors série, *op. cit.*, p. 33.

83. Source : Centrale des risques (BEAC), Yaoundé, 1987.

84. Source : Comptes nationaux (DSCN), Yaoundé, 1987; BANQUE MONDIALE, *Rapport sur le développement dans le monde, op. cit.*, p. 178.

politiques. Ce qui amène à penser que la disponibilité de revenus supplémentaires pour financer l'industrialisation dépend plus que jamais de la reprise générale de l'économie internationale, en ce qui concerne les marchés d'exportation, et de l'économie nationale, en ce qui concerne l'épargne intérieure.

En fait d'épargne intérieure, celle-ci emprunte des circuits contrastés. Au Cameroun, explique le représentant de l'Association professionnelle des banques, «de nombreux paysans cachent encore des billets de banque, sous leur matelas, dans le toit de leur case ou à l'intérieur d'une bouteille enterrée quelque part dans le village»[85]. Autrement dit, la thésaurisation reste une forme inextricable d'épargne, qui fait courir aux économies réalisées de grands risques lorsqu'elles ne sont pas simplement improductives.

Une autre partie de l'épargne, monétisée, circule dans un système parallèle que nous pouvons qualifier de *désintermédiation bancaire*. Un certain nombre d'individus se retrouvent et versent au pot commun un montant identique : la somme réunie est affectée directement, sous forme de prêts circulaires, à chacun des membres de cette association appelée «tontine». A partir d'une enquête que nous avons effectuée à Douala, 6 PME sur 10 ont utilisé les «tontines» lors de leur création et la reconstitution partielle du capital.

D'importantes campagnes essaient régulièrement de pousser les commerçants, les artisans, les agriculteurs... à placer leurs économies auprès des caisses d'épargne et des banques de dépôts. Bien que ces dernières offrent une rémunération incitative des placements, les résultats demeurent encore médiocres. Sans doute parce que l'épargne continue à circuler prioritairement par les réseaux informels, qui, désormais, seraient en passe d'établir des liens financiers étroits entre différentes régions du pays[86].

Il s'agit finalement là d'un système d'épargne volontaire, fondé sur une confiance réciproque (souvent tribale), qui fonctionne à intervalles réguliers (par semaine, par mois, par trimestre ou par semestre) et dont le principe peut être carac-

---

85. In *L'Expansion*, «L'argent des autres», 25 janv./7 fév. 1985, p. 22.
86. On fait souvent état au Cameroun de l'existence de «voyageurs mandatés aux valises bourrées de billets de banque».

térisé par la devise «ensemble pour un». Ce qui permet de préparer les investissements à travers un véritable réseau de prévoyance et de s'affranchir de l'incertitude du financement bancaire officiel.

Sur ce système simple au départ se sont greffés des mécanismes de crédit plus complexes, globalement adaptés aux transformations économiques du pays. Ainsi, par exemple, au lieu d'être attribuée à tour de rôle, la cagnotte est vendue aux enchères. L'implantation d'une unité industrielle peut en être facilitée et procurer davantage de sécurité aux partenaires, qui y voient une garantie solidaire des membres. A Douala, capitale économique, il existerait des réseaux informatisés en concurrence directe avec le système bancaire moderne[87]. Si l'on se réfère aux résultats d'un sondage de la SEDES (France), 10% des «tontines» camerounaises disposent de cagnottes supérieures à 10'000 FF[88], soit le capital minimal requis pour la constitution d'une S.A.R.L.

En définitive, ces associations représentent des sources locales de financement relevant d'enracinements socio-culturels que l'on ne saurait négliger. L'inconvénient des plus modestes d'entre elles apparaît lorsque la mobilisation de l'épargne est destinée uniquement à des investissements non productifs et à des dépenses d'apparat (pagnes, bijoux, mariages somptueux, funérailles «inoubliables»...).

D'autres voies sont empruntées pour remplir le maillon réduit, laissé par le système bancaire moderne et le système des «tontines». Depuis une quinzaine d'années, de petites unités locales d'épargne et de crédit, regroupant les habitants d'un même quartier, souvent autour d'une mission religieuse, se sont constituées. D'après un initiateur de la formule, le recours à la sonorisation est le moyen le plus approprié pour surmonter le handicap de l'analphabétisme : «La musique fait venir les gens, qui écoutent ensuite la propagande et ouvrent séance tenante un compte [...]»[89].

---

87. In *Science & Vie Economie,* No 24, Janvier 1987, p. 56.

88. C. COURLET, R. TIBERGHIEN, «Le développement décentralisé des petites entreprises industrielles au Cameroun», *Revue Tiers Monde,* Tome XXVII, No 107, Juillet-Septembre 1986, pp. 607-616.

89. *L'Expansion,* «L'argent des autres», *op. cit.,* p. 23.

De telles actions risquent cependant de demeurer vaines si le pays qui a souvent été considéré comme «l'un des plus prospères de l'Afrique noire»[90], ou encore, «l'un des meilleurs risques»[91], continue à être exportateur net de capitaux. Cela d'autant plus que l'encouragement de certaines entreprises, fondé sur les mécanismes d'attribution de l'épargne intérieure et des marchés publics, la sélection des promoteurs à partir d'un réseau de solidarités s'appuyant sur une logique d'*Etat-parrainage*, semble incapable de générer des résultats à la hauteur des ressources engagées.

4.3.2 Endettement et aide extérieure.

A la fin de 1981, la dette publique et parapublique garantie par l'Etat s'élevait globalement à $2584.3 millions. Les engagements multilatéraux y représentaient $823.4 millions, dont $328.8 millions de la B.I.R.D., et les sources bilatérales $955.6 millions. Le volume des créances privées a, en revanche, atteint $805.3 millions, dont $691.1 millions de crédits contractés sur les marchés financiers et $114.3 millions d'engagements auprès des fournisseurs.

Si l'on considère le service de la dette, celui-ci correspondait à un montant total de $199.9 millions, soit 13 fois davantage que 10 ans plus tôt. $78.7 millions revenaient aux créanciers publics - dont $15.5 millions à la B.I.R.D. - et $121.3 millions aux créanciers privés[92]. Les engagements vis-à-vis de ces derniers, certes plus coûteux, témoignent de la confiance dont jouissait le pays auprès des milieux financiers internationaux, en plus des organismes habituels de financement public.

Cet endettement est cependant resté relativement faible jusqu'au milieu des années 80, même si les fluctuations du dollar avaient tendance à alourdir mécaniquement son poids. La mise en chantier de grands projets s'est ensuite accompagnée d'une forte augmentation des engagements vis-à-vis de l'étranger, que les dépréciations successives du franc français

---

90. G. MOUTARD, «Quelles chances pour la politique du Président Biya?», *op. cit.*, p. 20.
91. CFCE, *Cameroun*, *op. cit.*, p. 4.
92. Source : Ministère des finances (MINFI), Yaoundé, 1986.

n'ont certainement pas contrariée[93]. En décembre 1985, l'endettement extérieur pouvait ainsi être estimé à $3400 millions[94]. La dette publique et parapublique garantie par l'Etat, la dette privée non garantie et la dette à court terme devaient finalement dépasser les $3700 millions en 1987 (40% du PIB), avec un service annuel de l'ordre de $600 millions[95].

Le volume et le rythme de cet endettement, bien qu'ils soient inférieurs à ceux de la plupart des pays africains[96], méritent d'être sérieusement analysés, tant semblent évidentes les difficultés futures de financer le développement industriel. Si le premier créancier reste le groupe de la Banque mondiale, on constate néanmoins que les institutions financières commerciales détiennent sous forme d'actifs une part croissante des nouveaux prêts, en raison vraisemblablement de la qualité supposée du débiteur et des procédures rigoureuses des sources multilatérales, redoutées jusqu'en 1988 par les autorités camerounaises[97].

La progression des crédits de source commerciale ne se traduit pas, cependant, par une expansion concomitante de l'industrie privée, qui, pourtant, a des ressources limitées. Aussi peut-on supposer que les fonds empruntés sont allés, en grande partie, alimenter les programmes d'infrastructures et d'investissements à participation publique.

---

93. Le Président BIYA déclarait à ce sujet : «Le Cameroun, comme les autres pays de la zone Franc, ressent et ressentira les conséquences des dévaluations du franc dans les domaines les plus sensibles tels que la dette et le commerce extérieur [...], dans la mesure où, d'une part, une partie importante de nos importations provient des pays développés autres que la France [...] et, d'autre part, en marge des produits pétroliers, une bonne partie de nos exportations destinées à la zone Franc [...] est constituée des produits dont les volumes ne sont pas forcément élastiques au phénomène de change» (in *Afrique-Asie,* No 324, Lundi 18 juin 1984, p. XXI).

94. Source : *CEPI*, Genève, Décembre 1986; *MOCI*, No 745, Janvier 1987, p. 29.

95. Source : *AFI*, Paris, Janvier 1988, pp. 69-72.

96. Voir, par exemple, les rapports de la Banque mondiale *sur le développement mondial* et le *manuel de statistiques du commerce international et du développement 1989* de la C.N.U.C.E.D.

97. Les négociations actuellement en cours laissent penser que le pays qui avait ces dernières années évité, selon plusieurs observateurs, de passer sous les «fourches caudines» du F.M.I., n'y échappera plus.

S'agissant des investissements industriels contenus dans ces programmes, les incidences se manifestent par des charges financières incompressibles et une fragilité des entreprises que l'Etat est parfois amené à soutenir. Face à une conjoncture défavorable, le manque de filières industrielles solides rend ainsi difficile la répartition en aval ou en amont des effets découlant d'une réduction des activités et d'un renchérissement des emprunts internationaux.

Au niveau spécifique des aides extérieures, les contributions étrangères, au demeurant diversifiées, ont sans conteste contribué à la réalisation des grands projets de développement. Des organismes internationaux (F.E.D., P.N.U.D., B.I.R.D., etc.) accordaient soit des subventions pour l'infrastructure, soit des prêts à des conditions avantageuses. Quant à l'aide bilatérale, elle provenait surtout de la France, de la RFA, du Canada, de l'Italie, de l'URSS, de la Chine populaire et de la Suisse.

Les décaissements nets d'aide publique de toutes origines décroissent néanmoins depuis 1979, où ils représentaient une somme totale de $270 millions[98]. Après le «creux» de 1983 ($130 millions), ces décaissements se sont élevés à $188 millions en 1984, soit $19 par habitant et 2.5% du PNB.

4.3.3 Planification économique et budgétisation.

Hormis son action par l'intermédiaire des établissements financiers et le code des investissements, l'Etat camerounais peut se manifester plus ouvertement dans l'activité industrielle, notamment à travers une participation au capital social dans les secteurs-clés (énergie, ressources de base, matériaux de construction...). Plusieurs entreprises bénéficient, en outre, de l'aide directe des pouvoirs publics qui tentent de favoriser les industries naissantes par des mesures diverses, à l'instar du réajustement fiscal de 1988.

Dans le système fiscal en vigueur, les droits de douane et la taxe sur le chiffre d'affaires sont alignés sur ceux de l'U.D.E.A.C.. La taxe complémentaire relevant de chaque

---

98. BANQUE MONDIALE, *Rapport sur le développement dans le monde 1986, op. cit.*, p. 238.

Etat membre de l'Union, c'est elle qui a récemment subi de fortes modifications. Il faut dire qu'en dehors des produits d'exportation, la principale source de recettes fiscales est constituée par les droits et taxes perçus par les douanes. Ainsi, par exemple, sur 410 milliards de FCFA de rentrées propres en 1982-83, 143.7 milliards provenaient des douanes, soit 35% du total. En 1988-89, les seules recettes fiscales représentaient 66.9% des ressources[99].

TABLEAU 7

Evolution de la masse budgétaire (en milliards de FCFA).

	83-84	84-85	85-86	86-87	87-88	88-89
Dépenses	520.0	620.0	740.0	800.0	650.0	600.0
- courantes	325.5	400.0	430.0	460.0	400.0	375.0
- équipement	194.5	220.0	310.0	340.0	250.0	225.0
Ressources	520.0	620.0	740.0	800.0	650.0	600.0
- fiscales	368.3	443.0	510.4	569.6	435.0	401.5
- autres	151.7	177.0	239.6	230.4	215.2	198.5

Source : THE ECONOMIST INTELLIGENCE UNIT, «Country Profile 1986-1987 : Cameroon», *EIU*, pp. 3-36; COMITE MONETAIRE DE LA ZONE FRANC, *La zone Franc, op. cit.*, p. 331.

Le gouvernement recourt, par ailleurs, à une planification qui est suivie plus ou moins méthodiquement en matière d'équipements, d'emplois des flux de capitaux extérieurs et de certains investissements privés. C'est évidemment là un des

99. Le Cameroun reste néanmoins confronté à des problèmes aigus de détournements des recettes publiques, qui réduisent parfois démesurément les ressources de l'Etat. Des campagnes de moralisation et de lutte contre la fraude ont été annoncées (Interview du chef de l'Etat à la *Cameroon Television* (*CTV*), le 19 février 1987). Toutefois, cette politique ne semble pas toujours comprise, aussi bien par ceux qui sont chargés de la faire appliquer que par ceux qui la subissent (*in* G. MOUTARD, «Quelles chances pour la politique du Président Biya?», *op. cit.*, pp. 27-28).

principaux instruments utilisés par l'*Etat-parrain* pour octroyer les privilèges d'exploitation et canaliser les investissements, soit en vertu de sa participation au capital, soit par le biais de directives, subventions et mesures protectrices diversifiées.

Les prévisions du VIe plan (1986-1991), d'une enveloppe globale de 6000 milliards en FCFA courants, dont le financement devait être assuré pour 42% par le secteur public, 34.7% par le secteur privé national, 16.3% par les fonds publics internationaux et 7% par les fonds privés étrangers, ont été révisées, compte tenu des difficultés actuelles. Et la croissance annuelle de 6.7% des investissements s'est plutôt révélée ambitieuse. En tout cas, la baisse des ressources financières (environ 200 milliards de FCFA au premier semestre 1987) a été suivie d'une grande austérité entre 1988 et 1990.

L'exercice du budget de l'Etat va du 1er juillet au 30 juin de l'année suivante. Sur la base des comptes publiés, l'évolution de la masse budgétaire semble traduire un rythme soutenu des réalisations socio-économiques[100]. La loi de finance du 30 juin 1984 pouvait ainsi présenter le neuvième budget équilibré consécutif. Celui de 1985-86 fut évalué à 740 milliards de FCFA (430 pour les dépenses de fonctionnement et 310 pour les investissements publics), soit une progression de plus de 19% par rapport à l'exercice précédent. Mais dès 1987, un ajustement douloureux fut finalement effectué (*Tableau 7*).

Comme les gains du pétrole ne représentaient que 20% des recettes budgétaires comptabilisées (redevances), la Société nationale des hydrocarbures ne pouvait plus alimenter les comptes «hors budgets» ($1981 millions en décembre 1985), sur lesquels le gouvernement a dû retirer des sommes importantes à partir du premier semestre 1986 ($123 millions).

Cette situation témoigne, une fois de plus, de l'influence de l'environnement international sur le développement national. A mesure que les cours mondiaux des principaux produits fluctuent vers la baisse, les répercussions sur l'activité économique générale, lorsqu'elles ne sont pas compensées par la hausse des exportations issues d'autres biens primaires,

---

100. Source : MINPAT, Yaoundé, 1986.

ont tendance à rendre caduques les prévisions gouvernementales. De telles contraintes plaident en faveur d'une dynamisation du secteur agricole et de l'industrie, afin d'atténuer les effets de l'incertitude des marchés de matières premières et de la dépendance à l'égard des productions de base. La technologie y a sans doute un rôle à jouer.

«Le succès de notre agriculture, l'implantation d'une industrie agro-alimentaire, la réalisation de grandes infrastructures, le développement d'une industrie lourde, l'efficacité même de l'ensemble de nos services dépendent d'une donnée de base : la maîtrise de la science et de la technologie. Tant que notre économie ne disposera pas de cette maîtrise, elle sera condamnée à piétiner et ne connaîtra jamais un véritable décollage».

Paul BIYA[1].

Chapitre II

ENVIRONNEMENT GENERAL ET TRANSFERT DE TECHNOLOGIE

La présentation de l'environnement général se justifiait par le fait qu'elle permet de situer notre espace de référence dans un cadre qui le met aux prises avec ses principales caractéristiques, en apportant une clarté sur les implications en matière d'industrialisation et de son corollaire des transferts technologiques.

En effet, il est vital que les stratégies et politiques à adopter à ce titre se fondent sur une appréciation des réalités en présence. Plus précisément, la technologie et son transfert ne

1. In *Pour le libéralisme communautaire, op. cit.*, p. 71.

sont guère isolés des systèmes socio-politico-économiques des pays récepteurs et émetteurs. Une compréhension des problèmes sous-jacents passe donc par un examen de ces systèmes.

Nous ne reviendrons cependant pas ici sur l'absence de neutralité des contextes et apports des émetteurs[2]; nous nous attacherons plutôt à mettre en relief les facteurs favorables ou contraignants sur la base des éléments de réflexion évoqués dans le précédent chapitre, de manière à dégager quelques orientations possibles pour l'avenir.

1. Facteurs de réussite et de blocage.

L'accent sera mis, dans un premier temps, sur les principales opportunités qu'offre l'environnement camerounais, et, dans un deuxième temps, sur les faiblesses aiguës qui se font jour. Il sera alors utile d'esquisser les grandes lignes sur lesquelles on pourrait s'appuyer dans le domaine des transferts-acquisitions technologiques, non sans considérer certaines priorités du programme de développement national, notamment le secteur agricole.

1.1 Atouts et opportunités.

Par analogie, les acteurs de transfert technologique devraient savoir, à l'instar des chirurgiens cardiologues et leurs patients, que les greffes ne réussissent que lorsque l'organe du donneur est accepté par le corps du receveur. Ceux qui pratiquent ce genre d'opérations ont également appris que, si l'intervention est délicate en elle-même, sa préparation et le conditionnement post-opératoire sont déterminants pour la tolérance de la transplantation effectuée. Comme le souligne Jean-Jacques Salomon, «Il n'y a pas d'un côté la science et la technologie, et de l'autre, la société comme deux systèmes plaqués par l'artifice d'un démiurge; il y a la science et la technologie dans une société donnée comme un système plus

---

2. Voir par exemple : A. BOUTAT, *Relations technologiques Nord-Sud : mécanismes et enjeux*, *op. cit.*, pp. 46 et suiv.

ou moins capable d'osmose, d'assimilation, d'innovation ou de rejet, en fonction de réalités tout à la fois matérielles, historiques, culturelles et politiques»[3].

Dans le cas du Cameroun, les principales opportunités environnementales s'articulent autour de différentes considérations susceptibles d'avoir des effets favorables sur le processus d'industrialisation, l'acquisition et l'exploitation des technologies importées.

Sur le plan politique, par exemple, certaines mesures ont été prises : options moins éloignées officiellement des réalités locales; «libéralisme communautaire» qui a suivi une période de stabilité politique de plus de vingt ans; campagne de rigueur et de moralisation, en dépit d'une application peu aisée; réorganisation du Fonds d'aide et de garantie à l'intention des PME, dans le sens d'un éventail progressif des ressources financières et de l'assistance en gestion; etc.

L'incitation à l'investissement par le nouveau code, plus clair dans le choix des objectifs et plus précis dans ses critères d'agrément que le précédent, devrait être un élément favorable aux *transferts indirects* de technologie[4]. Les mesures qui en découlent ne remettent pas en cause l'initiative privée, mais visent à réduire les déséquilibres régionaux dans la répartition des pôles d'activités économiques de manière à amener l'investisseur étranger à s'associer aux efforts de développement du pays. Les PMI y sont également encouragées pour satisfaire la demande intérieure et procurer les ressources nécessaires à la conquête des marchés extérieurs dans les meilleures conditions de compétitivité qu'auparavant.

La réglementation de la propriété industrielle découle de l'O.A.P.I.[5]. En raison de son impact limité, l'Etat camerounais a voulu la compléter par des décisions en matière de politique d'investissement, suggérant l'importation des technologies utilisatrices de main-d'oeuvre nationale et la formation professionnelle continue. Des avantages fiscaux sont ainsi accordés aux entreprises qui remplissent les conditions y af-

3. *In* «La science ne garantit pas le développement», *Futuribles,* No 78, Juin 1984, p. 46.

4. Les *transferts indirects* de technologie sont généralement effectués à travers les filiales de firmes multinationales (FMN).

5. A. BOUTAT, *Les transferts internationaux de technologie comme instrument de développement industriel, op. cit.*, pp. 151-152.

férentes, dans le cadre des quatre *régimes* d'agrément prévus à cet effet.

En outre, certaines politiques du gouvernement influent sur la stratégie des entreprises, même si elles ne sont pas toujours conçues et appliquées dans le dessein spécifique de promouvoir les carrières industrielles. Il s'agit notamment de la création de centres de formation que l'on pourrait rendre plus opérationnels dans le domaine de l'apprentissage technique et des mesures propres à favoriser l'émergence de jeunes entrepreneurs.

Par ailleurs, le Cameroun dispose, comme nous l'avons vu, de ressources naturelles diversifiées (pétrole, gaz, bauxite, fer, potentialités hydro-électriques, bois, syénite, or...), qui demandent une exploitation rationnelle et méthodique par le biais de technologies adéquates.

La variété des sols et des climats autorise des productions agricoles allant des cultures vivrières à celles d'exportation. Si les cultures vivrières couvrent près de 9/10 de la demande, elles permettent aussi de limiter les sorties de devises consacrées aux importations de produits alimentaires; tandis que les cultures de rente, lorsque les marchés mondiaux ne sont pas déprimés, procurent une partie des moyens nécessaires à l'acquisition des équipements et systèmes techniques en vue de l'industrialisation du pays.

Malgré sa progression récente, l'endettement extérieur reste relativement modéré en comparaison avec d'autres pays de la région. Aussi le Cameroun continue-t-il à offrir l'image d'un Etat stable, qui a des atouts pour réussir : un risque-pays au-dessus de la moyenne africaine; une balance commerciale corrigée satisfaisante; un taux moyen de scolarisation élevé; un certain dynamisme naissant des entrepreneurs ouverts sur des spécificités culturelles locales; des relations extérieures élargies à un grand nombre de pays; une position géographique de nature à faciliter la conquête des marchés dans les pays voisins.

1.2 Contraintes et faiblesses.

Les opportunités énumérées plus haut ne doivent pas dissimuler les contraintes que la présentation de l'environnement a révélées. En effet, il y a diverses causes aux faiblesses de l'exploitation des technologies importées au Cameroun, en particulier dans l'industrie manufacturière et l'agriculture. On peut sans doute en chercher les origines dans les pratiques des puissances coloniales et des administrations successives, mais il serait simpliste de leur faire endosser toute la responsabilité des difficultés actuelles. A vrai dire, la maîtrise technologique et industrielle n'est guère un problème facile. Les mutations qu'elle nécessite touchent à des systèmes complexes au sein desquels un changement entraîne des résistances et requièrent des actions correctrices parfois considérables.

L'insuffisance la plus criarde concerne l'ingénierie et les conceptions techniques de base. Cette lacune rend ainsi difficile le «dégroupage de la technologie en bloc», inhérente aux grands ensembles industriels, et exerce, chemin faisant, une influence sur le choix des investissements et les projets de transfert technologique. Le Cameroun a certes consenti des efforts pour se doter d'un système d'enseignement à la hauteur des ambitions tant répétées : «Instruire, éduquer un enfant, c'est fournir en lui l'homme total conscient, responsable et qualitativement intégré dans le devenir de son pays»[6]. Mais il faut reconnaître que les liens entre le système éducatif et l'industrie sont demeurés ténus. Nonobstant une proportion croissante de diplômés universitaires, les ingénieurs et les organisateurs requis pour mener à bien une acquisition de technologie, sont en qualité insuffisante. En d'autres termes, l'instruction donnée dans le cadre de la scolarité ordinaire ne suffit pas à satisfaire l'exigence de valorisation des ressources humaines[7].

Cela est encore plus patent pour les ouvriers spécialisés et les techniciens intermédiaires, dont la formation devrait être fondée sur le travail pratique et essentiellement effectuée au

---

6. J.-M. ELA, *La plume et la pioche*, Ed. CLE, Yaoundé, 1971, p. 18.
7. Voir à ce sujet : S.K. JAIN, «Ressources humaines», *AGEFI*, No 62, 31 mars 1987, p. 1.

sein des entreprises mêmes. Malheureusement, pour différentes raisons (manque de formateurs appropriés, coûts supplémentaires, pression d'une rentabilité à court terme...), les fournisseurs de technologie, en dehors de certaines firmes multinationales, ne prennent pas souvent en charge l'effort d'apprentissage véritablement nécessaire[8].

Si l'on se place dans des perspectives plus larges, la plupart des unités de production semblent avoir infléchi l'industrialisation en faveur de concentrations urbaines et d'enclaves géographiques (Douala-Edéa-Yaoundé), avec une faible diffusion des techniques vers l'ensemble du pays, consacrant ainsi un écart entre la création d'emplois et la progression de la population active dans toutes les régions. Le transfert technologique y a généralement pris la forme d'une importation d'usines, en liaison avec les programmes d'assistance technique. Dans certains cas, c'est l'enthousiasme et la naïveté face aux réalisations du pays exportateur, voire le dynamisme des négociateurs de la firme émettrice, qui incitent à acquérir leurs apports, indépendamment des particularités nationales.

En analysant, par ailleurs, les caractéristiques des entreprises par rapport aux objectifs socio-économiques du gouvernement, l'adoption de mesures favorisant les grandes exploitations a vraisemblablement réduit dans le passé l'intérêt des investisseurs pour la petite industrie, oubliant par là que son rôle complémentaire, plus souple et adapté aux distorsions du marché, est une condition du développement de l'esprit d'entreprise et de la grande industrie.

De même, du fait de la place centrale du secteur agricole dans la stratégie camerounaise de développement, on s'est résolument tourné vers l'implantation de complexes agro-industriels, en ce qui concerne notamment l'engrais, l'huile de palme et le sucre. Mais les inputs technologiques de ces projets se sont avérés difficilement assimilables. Pourtant, si les décisions relatives à l'exploitation technologique ne sont en rien identiques d'un contexte à l'autre, le problème commun reste le choix de systèmes techniques performants et maîtrisables entre les options possibles.

---

8. Nous y reviendrons au chapitre V, lors de la présentation des résultats de l'enquête.

Plus précisément, une des caractéristiques de l'agriculture camerounaise est son archaïsme au niveau des techniques d'exploitation. Sans négliger les précautions utiles pour assurer l'équilibre naturel des différents écosystèmes, il est fondamental de faire acquérir aux agriculteurs une technicité plus adaptée, grâce en partie à une initiation aux procédés et équipements agronomiques conformes aux réalités physiques du pays.

En effet, jusqu'à présent, à quelques exceptions près, on a eu recours à une agriculture itinérante autour du village[9]. La «Révolution verte» entreprise dès l'avant-dernière décennie n'a souvent été limitée qu'aux sols déjà fertiles, sans pour autant réussir la percée initialement prévue. Il semble finalement opportun d'adopter des orientations qui valorisent les atouts nationaux, le but étant de disposer des techniques améliorées et éprouvées pour le paysan.

2. Implications pour les transferts-acquisitions de technologie.

Les conceptions conventionnelles épousent généralement l'approche d'une industrialisation privilégiant les critères de la quantité produite, la rentabilité financière à court terme et la nécessaire solvabilité des consommateurs au détriment d'autres variables également au centre des problèmes de développement. Or, l'omission des limites intrinsèques de chaque technologie est fatale, surtout s'il s'y ajoute une compréhension incomplète des conditions dans lesquelles elle serait exploitée. Ce faisant, l'interdépendance entre les facteurs naturels ou physiques, politico-légaux ou institutionnels, socio-culturels et économiques constitue un entrelacs d'aspects fondamentaux que les parties concernées devraient préalablement identifier.

9. La méthode consiste à mettre le feu à une forêt défrichée en pratiquant des contre-feux pour en limiter l'extension. Dans la clairière ainsi aménagée, on peut semer et planter. Semis et plants profitent alors des résidus carbonifères qui vont néanmoins s'épuiser dans un court délai, imposant l'incendie d'une autre portion de forêt.

2.1 Implications physiques et naturelles.

Le Cameroun a souvent été considéré comme une «Afrique en miniature» à cause de sa grande diversité naturelle. Cette diversité fait qu'il est difficile de recommander un type définitif de technologie pour tout le pays, d'autant plus que cela ne signifie guère l'orienter vers un groupe homogène. De tels facteurs ont, sans conteste, une influence sur la constitution de la force active de travail et des modes de réponses que celle-ci devrait élaborer pour satisfaire ses besoins.

En somme, la diversité physique et humaine exige que l'on mette l'accent sur la recherche de techniques adaptées à chaque contexte. Par exemple, dans le domaine prépondérant de l'agriculture, la technique de la charrue ne peut être appliquée que sur les terrains bas et plats. En revanche, dans les endroits élevés, il serait vraisemblablement indiqué de recourir à des outils mécaniques propres à faciliter le travail dans ces régions sous-exploitées. Il ne faudrait pas non plus perdre de vue les autres apports qui pourraient améliorer les rendements agricoles. Cela d'autant plus que les zones naturelles camerounaises sont particulièrement propices à la vie biologique, où ne survivent que les espèces ayant subi une longue sélection.

Des technologies agricoles fondées sur la prophylaxie antiparasitaire (pesticides, insectes entomophages, virus entomopathogènes...) peuvent être envisagées sur le terrain. Encore faut-il admettre que les procédés qui s'y insèrent, outre le degré de sophistication qui rend hypothétiques leur assimilation et leur exploitation par les paysans, sont temporaires face au renouvellement immunitaire des parasites et coûteuses de par leur suivi. Il convient donc d'analyser, pour chaque région spécifique, les espèces animales et végétales dont la pérennité peut être assurée, en tournant le dos aux tendances homogénéisatrices qui ignoreraient les particularités physiques respectives.

Par rapport à l'industrie, quelques interrogations fondamentales devraient être présentes à l'esprit : Comment fabriquer un produit de qualité, en recourant aux procédés techniques importés, lorsque les matières premières locales sont différentes de celles utilisées par l'émetteur dans son pays d'origine ? Quel est le risque technique d'apports validés *in vitro* dans un laboratoire aseptisé quant à leur mise en valeur dans un milieu ouvert ? Les effets indirects non désirables peuvent-ils être significativement contenus, suite à l'utilisation humaine de substances nocives et du danger qu'elles représentent pour l'environnement naturel ? L'implantation géographique est-elle appropriée à l'activité de l'unité de production installée (approvisionnements, quartiers d'habitation, évacuation des déchets...) ? Le climat et l'hydrologie autorisent-ils l'exercice des opérations productives envisagées ? Les conditions physiques ne portent-elles pas atteinte à l'exploitation des machines et des équipements techniques importés ? Etc.

En définitive, ce qu'il s'agit de découvrir, c'est un processus constamment réajustable, compatible avec les réalités physiques, les ressources naturelles et humaines de chaque collectivité.

2.2 Implications institutionnelles et politico-légales.

Le rôle le plus important à jouer par le gouvernement camerounais est sans doute de mettre en place, en complément du code d'investissement dont l'impact est encore en retrait par rapport aux effets escomptés, un cadre propre à encourager les compétences qui amélioreraient les performances industrielles globales; attendu que «[...] le rôle des décideurs est d'ajuster la stratégie et la politique aux conditions de départ et à l'environnement externe pour améliorer les résultats industriels»[10].

Les axes principaux qui méritent d'être reconsidérés sont essentiellement au nombre de quatre : l'élaboration d'une politique de filières industrielles susceptibles d'intégrer des ensembles d'activités complémentaires; l'aménagement des services publics plus aptes à traiter les dossiers sur les investissements, en lieux et places des canaux clientélistes ha-

10. W.F. STEEL, J.W. EVANS, *L'industrialisation en Afrique au sud du Sahara : stratégies et réalisations,* Document technique, No 25F, Banque mondiale, Washington, D.C., 1986, p. 3.

bituels; l'amélioration des infrastructures de base (routes, chemin de fer, télécommunications, formation professionnelle des ouvriers techniques); l'incitation non seulement à la recherche fondamentale, mais surtout appliquée, de préférence dans un milieu extra-universitaire.

Il est urgent, en effet, de promouvoir des activités synergiques et des compétences que les institutions existantes, à dominante théorique, n'ont pas su réaliser. Ce qui pourrait en particulier porter sur : la sélection des technologies ayant des chances d'être maîtrisées; la normalisation, le contrôle de la qualité et la métrologie; l'étude des possibilités d'intégration des composants techniques nationaux dans les projets envisagés; la production de prototypes; etc.

Un élément capital est d'ailleurs la nécessité d'établir des rapports entre la recherche et la production. Car, si la science «pure» trouve sa finalité en elle-même, il lui faut la connaissance technologique[11] pour permettre, par référence à une réalité technique spécifique, l'atteinte en aval d'une plus grande efficacité; ce qui suppose notamment une circulation plus fluide de l'information entre les différents milieux concernés grâce, par exemple, à une banque nationale de données à caractère technologique.

Si les nouvelles priorités mises en avant concernent, outre le secteur agricole, les PME/PMI, cela adhère sans doute à l'idée que ces dernières sont appelées à participer de plus en plus aux relations économiques Nord-Sud diversifiées et additionnelles aux activités des FMN traditionnelles[12]. Il s'agit également de bénéficier de la flexibilité dont elles font souvent preuve face aux marchés changeants et aux retournements conjoncturels. On peut ainsi espérer qu'elles offriront des avantages sous la forme de véhicules d'une technologie épousant la taille réduite des processus de production et des débouchés commerciaux. Aussi serait-il souhaitable que les mesures de politique industrielle fassent une place suffisante

---

11. C'est ce qui est qualifié de technologie *stricto sensu*, distincte du système technologique (technologie *lato sensu*). Voir : A. BOUTAT, *Les transferts internationaux de technologie comme instrument de développement industriel, op. cit.*, pp. 28-33.

12. A. BOUTAT, «La coopération technologique et industrielle : une voie non négligeable de transfert international de technologie», *Revue Economique et Sociale,* No 4, Décembre 1988, pp. 221-225.

aux apports technologiques s'orientant vers de petits projets dans les domaines aussi déficients que l'usinage, la maintenance productive et curative, la chaudronnerie, les traitements thermiques, etc.

La formule de coopération à privilégier reste probablement l'association de type *joint venture*, par laquelle les agents de transfert s'engageraient dans une voie de partenariat durable et soutenue. Quelques entrepreneurs européens ne disposant pas de la surface financière des grands groupes, ne semblent-ils pas intéressés par ces nouvelles formes d'accès aux marchés étrangers[13] ?

2.3 Implications socio-culturelles.

Le transfert technologique dépasse, avons-nous dit, l'unique apport technique pour englober nombre de comportements sociaux, notamment les attitudes, qui sont dans une large mesure tributaires des phénomènes culturels.

Si le besoin de communication et de liens formels est apparu un point essentiel des processus d'échange, la mentalité «pré-industrielle» camerounaise indique également une propension à personnaliser les rapports et à respecter certaines traditions. A cet aspect culturel s'ajoute l'utilisation du temps, mettant finalement en lumière un paradoxe entre, d'une part, la lourdeur des procédures pour lesquelles l'élément temporel ne constitue pas une préoccupation majeure, et, d'autre part, la rapidité souhaitée dans l'obtention des résultats. Il est ainsi fondamental que les émetteurs tiennent compte de cette dualité, afin que leurs apports puissent être valorisés dans de meilleures conditions, au-delà de la technologie proprement dite; mais aussi que les récepteurs réalisent les effets contraignants qui en découlent, lors de la formulation de leurs exigences.

S'agissant du choix des inputs des systèmes d'acquisition technologique, il est nécessaire de connaître les niveaux respectifs de préparation des différents secteurs de la popula-

---

13. Voir à ce sujet : S. AIT ELHADJ, F. BIDAULT, «L'insertion des P.M.I. dans la nouvelle Division Internationale du Travail», *Revue d'Economie Industrielle*, No 14, 4e trimestre 1980, pp. 94-102.

tion concernée de façon à faire d'elle une cible technologique à atteindre. Par exemple, nous avons vu que le taux d'alphabétisation est nettement élevé dans le Sud, l'Ouest et le Littoral, et plus bas dans le Nord et l'Est où il décroît encore fortement dans les zones rurales. Ces disparités dans l'éducation primaire affectent les capacités de la population considérée à assimiler les techniques à haute teneur informationnelle. De même, il est important de connaître les techniques susceptibles d'entraîner des résistances, attendu qu'elles ne peuvent rencontrer «leur efficacité qu'éclairées et inspirées par les fondements culturels qui assurent leur cohérence avec l'environnement intellectuel et social»[14].

Il n'en reste pas moins que, pour assimiler valablement les apports technologiques étrangers, il faut aussi pouvoir le faire avec bonne conscience; car «La paix de l'esprit est le fond de la question. Sans la paix de l'esprit, il n'est pas de bonnes techniques. Sans une bonne technique, il n'y a pas de paix de l'esprit. Ce qu'on appelle l'efficacité d'une machine, ce n'est rien que la concrétisation de cette paix de l'esprit»[15]. Comment pourrait-il mobiliser toutes les ressources de son «esprit», le cadre camerounais qui aurait déclaré au chercheur Jacques Binet, dans le cadre d'une étude sur les relations entre la technologie étrangère et la culture africaine, qu'«en travaillant dans son usine, il avait l'impression de renier son père cultivateur dans un lointain village»[16] ?

Il est finalement primordial de modifier parallèlement les mentalités qui s'opposent à la valorisation des techniques importées. L'effort ne devrait être unilatéral : il appartient aux récepteurs et émetteurs de favoriser conjointement ce qui pourrait faciliter une acculturation porteuse d'efficacité.

---

14. M. HAURANT, *Pratique de la direction d'entreprise en pays neuf*, Editions Hommes et Techniques, Paris, 1984, p. 329.

15. R.M. PIRSIG, *Zen and the Art of Motorcycle Maintenance*, William Morrow, New York, 1974.

16. *In* «Technologie moderne et société africaine», *op. cit.*, p. 17.

2.4 Implications économiques.

La vocation agricole du Cameroun est suffisamment évidente pour qu'il soit permis d'y insister : l'agriculture occupe majoritairement la force active de travail, tout en procurant les matières premières à l'agro-industrie, contribue au PIB marchand pour une part qu'il convient d'améliorer et aux recettes d'exportation qui connaissent désormais une flexion caractérisée.

Du fait de cette importance de l'agriculture, la recherche appliquée locale et l'importation des techniques susceptibles d'accroître les performances économiques dans ce secteur qui a tendance à stagner, deviennent une exigence de premier ordre. Aussi y a-t-il lieu de concéder que «le savoir-faire agro-alimentaire est présent dans toutes les manifestations de l'activité industrielle, y compris dans celles concernant la commercialisation des produits, l'organisation et l'administration des entreprises, etc.»[17].

La répartition des techniques agricoles en trois types de base (culture manuelle, culture attelée et motoculture) est le reflet des approches conventionnelles de la mécanisation. Du point de vue des fournisseurs camerounais de matériel agricole et de l'administration de tutelle[18], la mécanisation n'a pas atteint les objectifs initialement visés. Il semble, dès lors, pertinent d'adopter une approche résolument nouvelle.

Une méthode a été suggérée par l'O.N.U.D.I.[19] : dotation de matériel de base pour l'agriculture artisanale; mécanisation auto-orientée, sélective ou manuelle; mécanisation motorisée simple; dotation de moyens de transport appropriés. Si cette méthode met en évidence l'utilité de disposer progressivement de techniques correspondant aux niveaux de compétences de la main-d'oeuvre, aux tâches agricoles routinières, et le besoin d'approvisionner les industries alimen-

---

17. M. BICHERON, «Le transfert de technologie et de savoir-faire comme moyen de développement international : le cas des entreprises agro-alimentaires», *document de synthèse No 3,* I.R.E., 1980, p. 24.

18. Entretiens avec des responsables de *Tropic*, de la *CENEEMA* et du Ministère de l'agriculture.

19. In *Machines agricoles et équipements ruraux en Afrique : une approche nouvelle pour résoudre une crise croissante,* coll. «*Série des études sectorielles*», No 1, UNIDO/IS.377, Vienne, 25 mars 1983, pp. 124-144.

taires en intrants, la question de l'adaptation aux conditions régionales, comme nous l'avons déjà noté, ne devrait être ignorée.

Les efforts en matière de rendement économique ne peuvent néanmoins se limiter au secteur agricole, même si celui-ci demeure la «priorité des priorités»[20]. L'industrie manufacturière rend possible la production de biens que ni l'agriculture, ni l'artisanat, ne sont capables d'assurer. Mais on ne devrait pas non plus réduire les données du problème à la possession du capital industriel, il est également essentiel de se cheminer vers l'endogénéisation des techniques qu'il incorpore, puis de savoir organiser les processus de production à réaliser localement; car, «il ne suffit pas d'emprunter les capitaux et les techniciens à d'autres pays pour qu'ils viennent faire démarrer les industries»[21].

Par rapport à la rentabilité des investissements dans un pays où les ressources financières ne sont pas abondantes et la rareté des ouvriers qualifiés une pierre d'achoppement, on ne saurait longtemps méconnaître la nature économique spécifique des technologies mises au point dans les pays émetteurs. Il est incontestable qu'une partie dominante de ces technologies sont conçues dans le dessein d'épargner la main-d'oeuvre dans leur patrie d'origine, face à la concurrence des pays à bas salaires. Par rapport à un environnement comme celui du Cameroun, de telles orientations risquent de favoriser, dans des secteurs où leur utilité économique globale est moindre, les entreprises à forte intensité de capital au détriment de celles qui nécessiteraient une plus grande quantité de main-d'oeuvre.

De même, les systèmes technologiques ayant cours dans les pays «initiateurs», reposent souvent sur l'hypothèse que l'on pourra disposer de professionnels qualifiés et de cadres compétents, tandis qu'ils entraînent des coûts économiques élevés et des difficultés de maintenance là où ils sont insuffisants. C'est d'un équilibre qu'il faudrait alors parler, équilibre réajustable entre les secteurs requérant une forte inten-

20. P. BIYA, *Pour le libéralisme communautaire, op. cit.*, p. 65.
21. J.K. NYERERE, *Uhuru na Ujamaa*, Oxford University Press, Londres, 1968, p. 241.

sité capitalistique comme les raffineries et ceux qui font appel à davantage de main-d'oeuvre (les textiles, par exemple).

Le Cameroun constitue, enfin, le cas typique d'un Etat ayant à créer son industrie d'équipement puisque les entreprises mécaniques ne représentaient en 1987 que 1500 emplois et 23 établissements[22]. Le marché local étant restreint et les investissements en ressources humaines et matérielles colossaux, la possibilité d'exporter une partie de la production et de maîtriser les contraintes de qualité est donc un préalable économique capital pour développer de nouvelles sociétés dans ce domaine. En revanche, la faiblesse du tissu industriel national et celle du niveau de culture technique semblent restreindre les perspectives de profiter dans les délais raisonnables des effets multiplicateurs à travers la sous-traitance.

---

22. R. TIBERGHIEN, «Coopération industrielle inter-entreprises avec les pays en développement dans le secteur des industries mécaniques», *Industrie et Développement International*, Juin 1987, p. 283.

CONCLUSION DE LA PREMIERE PARTIE

En situant le Cameroun dans un cadre de réflexion qui le met aux prises avec ses particularités et son environnement général, on a pu noter une démarcation relativement favorable de celui-ci par rapport à de nombreux pays comparables.

Cette évolution dissimule toutefois trois mutations : l'éclosion des activités extractives au début de 1980, facilitée par le deuxième choc pétrolier de 1979 et soutenue, dans un premier temps, par la hausse du dollar, pour décliner ensuite à partir de 1987; le ralentissement de la production agricole et l'incertitude des cours mondiaux; la faiblesse des performances dans l'industrie manufacturière et sa contribution modeste aux objectifs de développement national.

Mais il y a lieu de reconnaître, à travers ces mutations, le maintien d'un taux de croissance annuel moyen de 7%, en particulier au cours du Ve plan quinquennal (1981-1986).

Sur le plan stratégique, il s'est révélé, dans plusieurs cas de l'approche courante de substitution des importations, un manque de dynamisme, du fait notamment de l'étroitesse et de l'anémie du marché intérieur, du faible niveau de la production et, parfois, de l'absence de concurrence dans les industries protégées. Cette stratégie ne devrait donc être utilisée, en dehors des biens de première nécessité, que dans des situations où la demande existante est suffisamment ample et les coûts de production avantageux.

Si la priorité demeure la promotion du secteur agricole, on voudra aussi admettre qu'il n'y a pas de progrès dans l'agriculture sans l'appui d'une trame industrielle (production manufacturière, industrie de transformation, infrastructures) et l'accoutumance aux techniques qu'elle requiert. C'est donc logiquement que le Cameroun s'est également tourné vers la création d'industries. Mais la préférence, durant la dernière décennie, semble avoir été donnée par l'*Etat-parrain* aux grands projets en espérant qu'ils pouvaient avoir des effets d'entraînement dans des proportions identiques. Certes, quelques avantages ont pu être constatés, il n'en reste pas moins que la plupart des implantations d'unités technologiques ne paraissent pas avoir eu d'impact décisif sur le développement du tissu industriel et l'élévation du niveau de culture technique national.

A l'instar d'autres pays africains, les caractéristiques institutionnelles ont tendance à défavoriser la prise en considération d'un nombre élargi d'actions possibles et de variantes en termes de projets d'acquisition technologique. L'administration reste fondée sur l'ancienne structure coloniale qui n'était pas particulièrement destinée à gérer le développement industriel, mais davantage à faire régner l'ordre public. De plus, les tâches qui incombent au gouvernement se sont multipliées alors que les effectifs en personnel pluridisciplinaire n'ont pas suivi cet accroissement des charges, de requêtes dans tous les domaines, qui constituent autant d'obligations nouvelles et un fardeau que les pays industrialisés n'ont probablement pas connus avec la même intensité. L'urgence des problèmes contraint finalement les responsables décisionnels, quand ils en ont la latitude, à traiter rapidement les projets d'industrialisation et à avaliser leur mise en oeuvre sans une analyse systématique des critères fondamentaux.

Cependant, lorsque les interventions apparaissent en amont du processus, elles ne semblent pas toujours convenir à la volonté d'accroître la capacité locale d'acquisition technologique. Suivant les cas, les incitations publiques sont perçues comme des opportunités ponctuelles à saisir rapidement, sans effets notoires à long terme, et les pénalisations comme des instruments discriminatoires. Ce qui entraîne parfois des opérations de transfert fondées sur des arrangements parallèles, préjudiciables au renforcement du pouvoir de négociation des entreprises réceptrices face aux détenteurs de technologie.

Comme il manque, par surcroît, de services nationaux d'ingénierie et d'équipes polyvalentes formées à l'évaluation des projets, il s'ensuit un goulot d'étranglement et des difficultés d'adaptation technologique. Sans conteste, le gouvernement camerounais tente de favoriser une telle adaptation grâce à la S.N.I., à divers encouragements d'ordre fiscal ou juridique et à l'installation de centres scientifiques et techniques; mais ces actions ont surtout été utiles pour la création d'institutions multiples et relativement moins quant à la pertinence immédiate avec les secteurs productifs.

Les raisons de cette situation comprennent notamment les limites en termes de ressources et l'insuffisance des rapports avec l'industrie, qu'il s'agisse de techniques locales ou de l'amélioration des sous-systèmes technologiques importés. *A fortiori*, lorsqu'un processus d'innovation existe, il porte souvent sur les connaissances difficilement applicables au niveau des entreprises. Conséquence : les résultats des travaux d'instituts de recherche ne sont pas suffisamment mis à profit.

Deuxième partie

MODALITES ET PROCESSUS DE TRANSFERT-ACQUISITION TECHNOLOGIQUE

INTRODUCTION DE LA DEUXIEME PARTIE

La présente partie a un double dessein : présenter la méthodologie de notre recherche sur les projets camerounais de transfert-acquisition technologique et en analyser les résultats.

Suivant une démarche «déductive-inductive», il est apparu opportun de concilier les investigations avec un modèle d'organisation des systèmes de transfert technologique (O.I.S.I.E.), l'objectif consistant à porter un regard critique sur ces opérations afin d'y déceler les enseignements utiles. Les questions à élucider concernent, en somme, les modalités et les processus d'acquisition technologique mis en oeuvre entre 1975 et 1985, durant la décennie qui a précédé l'amplification des effets de la crise économique au Cameroun.

L'intérêt pratique d'un tel cadre d'analyse nous semble évident. En effet, si les opérations d'acquisition technologique peuvent favorablement influer sur le processus d'industrialisation en cours, inversement leurs déficiences constituent un frein au développement dans la mesure où les projets réalisés finissent par détourner les ressources disponibles d'une utilisation plus efficace. Il convient, dès lors, d'étudier les mécanismes auxquels les acteurs ont eu recours pour répondre aux besoins en présence et les résultats obtenus à ce titre.

Dans le chapitre III, nous décrirons brièvement le modèle O.I.S.I.E.[1] et les considérations sous-jacentes. Le chapitre IV

1. Pour une présentation détaillée du modèle O.I.S.I.E., voir : A. BOUTAT, *Les transferts internationaux de technologie comme instrument de développement industriel*, *op. cit.*, pp. 169-195; *Les transferts internationaux de technologie : concepts, méthodologie et organisation*, Editions PUL, Lyon, 1991, pp. 79-170.

permettra ensuite d'éclairer le cheminement adopté lors de l'élaboration du contenu et l'exécution de l'enquête. Les chapitres V et VI traitent enfin les informations qui en ont été tirées.

«Ne vois-tu pas que les opinions qui ne s'appuient pas sur la science font toutes piètre figure?».

PLATON[2]

Chapitre III

LE MODELE O.I.S.I.E.

Le problème le plus évident que pose le transfert de technologie est incontestablement celui de son contenu sémantique, tant on s'aperçoit en passant d'une étude à une autre que cette notion a rarement signifié la même chose pour tous. Plus encore, selon qu'on se place sous l'angle des relations technologiques Nord-Sud, Est-Ouest ou Sud-Sud, l'ingénieur ou le sociologue, l'économiste ou le juriste, ne l'envisageront pas de la même manière. Il semble donc utile de préciser les dimensions conceptuelles retenues pour l'objet de notre interprétation avant de présenter le modèle qui servira d'appui à l'analyse.

1. Technologie et transfert technologique.

D'après John Kenneth Galbraith, «la *technologie* est l'application systématique de la science, et de toutes les autres connaissances organisées, à des tâches pratiques»[3].

S'intéressant à la *technique*, Ralph King définit ce concept comme «le logiciel de l'utilitaire par opposition au beau. C'est la science des arts mécaniques et industriels. Ceux qui

---

2. In *La République,* liv. VI.
3. J.K. GALBRAITH, *Le nouvel Etat industriel : essai sur le système économique américain*, Gallimard, *NRF*, Paris, 1968, p. 24.

l'appliquent possèdent à fond une grande partie des habitudes, de la formation et de la compétence indispensables. La technique ne peut guère exister sans les matières premières qu'elle utilise, sans les installations et le matériel qu'elle emploie pour produire et sans les produits qu'elle permet de créer, que ce soient des biens d'équipement [...], des biens consomptibles [...] ou des biens de consommation durables [...] ou quoi que ce soit d'autre»[4].

Si les définitions précédentes expriment le caractère complexe de l'imbrication des connaissances à des fins pratiques, elles ne permettent pas pour autant de distinguer la technologie de la technique; les deux notions y apparaissant mutuellement substituables. D'autres auteurs ont néanmoins tenté d'expliciter leur différence. Selon le Centre de développement de l'O.C.D.E. par exemple, le terme *technologie* doit être réservé «aux grands développements technologiques qui reposent sur une innovation importante et le terme *technique* aux innovations de moindre importance [...]»[5].

Indépendamment de l'ampleur des innovations, on peut tenir pour acquis que l'analyse des processus de production, la mise en place des structures opérationnelles, le recours à certaines procédures instrumentales, les «produits-procédés-services» utilisés, l'évaluation des effets attendus... constituent, pour chaque activité technique, une composante à caractère technologique[6].

Prenons le cas d'un projet industriel, il peut s'agir, dans un premier temps, d'associer les agents impliqués de manière à faciliter leurs interventions respectives, et, dans un deuxième temps, de favoriser l'exercice des opérations articulées autour du processus de production considéré (réglages, modes de conduite de la fabrication, usage des équipements, procédés, etc.).

Par rapport au transfert technologique, on tentera pareillement de combiner, en amont, le savoir empirique et le

---

4. R. KING, *Le rôle des normes dans le transfert sans risque des techniques vers les pays en développement*, Bureau international du travail, (ITSTT/D.2), Genève, 1981, p. 5.

5. OCDE, *Evaluation sociale de la technologie*, Centre de développement, O.C.D.E., Paris, 1978, p. 26.

6. A. BOUTAT, *Relations technologiques Nord-Sud : mécanismes et enjeux*, *op. cit.*, pp. 26-28.

savoir organique pour constituer un ensemble enrichi de capacités organisationnelles, d'informations en matière de production, de procédés divers, dont l'incorporation dans des supports matériels ou humains entraîne, en aval, des comportements professionnels orientés vers des objectifs industriels déterminés.

Selon la nature de ces objectifs, on parlera des techniques de fabrication, de marketing, d'organisation, de gestion financière, de recherche-développement... dont les différents regroupements forment des sous-systèmes formalisés et cohérents en fonction des problèmes à résoudre (sous-systèmes technologiques). C'est, en définitive, par une analyse systématique que peut s'effectuer, grâce aux ajustements rendus nécessaires, le passage de techniques préalablement éprouvées à la *source* vers un *milieu cible* où l'on essaiera de réaliser le processus de production de référence, soit de manière identique, soit en l'adaptant, soit encore en l'améliorant.

On aurait cependant tort d'y voir seulement une importation ajustée de techniques, car «il faut aussi pouvoir s'en servir, c'est-à-dire posséder les éléments humains capables»[7]. Il importe que les conditions naturelles soient favorables, encore que les contingences géographiques aient tendance à s'effacer, qu'en amont et en aval ces techniques puissent s'insérer dans un ensemble technologique, que les investissements soient entrepris, qu'un marché existe pour la production envisagée.

Par ailleurs, le transfert technologique procède d'une démarche stratégique, ne se limitant pas forcément aux firmes émettrices et réceptrices. D'autres acteurs nationaux ou internationaux peuvent y avoir un rôle à jouer. Ce n'est qu'au moment où les stratégies des parties en présence rencontrent une perspective de compatibilités qu'il deviendra possible.

Si, dès lors, il semble pertinent de recourir à une approche holistique, il faut naturellement s'intéresser, en premier lieu, au caractère global inhérent à toute étude de sys-

---

7. B. GILLES, «Technique et politique»; in *Histoire des techniques*, Encyclopédie de la Pléiade, Éd. Gallimard, Paris, 1978, p. 1403.

tème[8]. Sous cet angle, le transfert technologique se présente comme un *procès par lequel un regroupement complexe de connaissances organiques et empiriques, diversement associé à des réalisations techniques ou à des supports de communication, est diffusé, selon des modalités négociées, en vue de mettre ses acquéreurs en situation d'atteindre des buts articulés autour d'un processus de transformation de matière, d'énergie et/ou d'information, dans le cadre d'un projet en rapport avec leur environnement*[9].

Le procès en question se caractérise, en première approximation, par la combinaison du savoir à transférer (connaissances organiques et empiriques); des canaux de transfert (supports matériels ou humains); du transfert lui-même (diffusion des connaissances), en vue d'un résultat (buts poursuivis), dans un contexte donné (environnement). Il se déroule dans le temps et consiste en un développement sous l'aspect d'un projet, dont la réalisation aboutit à l'implantation d'une *unité technologique*. Cette dernière désigne le produit de la mise en oeuvre d'un projet de transfert technologique.

2. Système de transfert technologique.

Tout système ouvert, à l'instar du *système interne* de transfert technologique, a des entrées (*inputs*) et des sorties (*outputs*) matérialisant ses rapports avec l'*environnement*. Les *outputs* ou extrants sont considérés, dans le cadre du modèle, comme des buts globaux, tandis que les *inputs* ou intrants se rapportent à la technologie importée (y compris les supports matériels) et à ses émetteurs. D'où le nom d'*O.I.S.I.E.*, issu de l'abréviation des quatre composantes : *Outputs, Inputs, Système Interne, Environnement*[10].

---

8. G. JACOB, directeur du Cabinet SIMM et responsable des études de gestion et de conception de systèmes à l'I.N.I.G., «Pourquoi et comment utiliser l'analyse de systèmes», *Direction et Gestion*, No 1, 1973, p. 7.

9. A. BOUTAT, *Relations technologiques Nord-Sud : mécanismes et enjeux*, *op. cit.*, pp. 26-27.

10. A. BOUTAT, *Les transferts internationaux de technologie comme instrument de développement industriel*, *op. cit.*, pp. 165-296.

FIGURE 2
Représentation d'un système de transfert technologique.

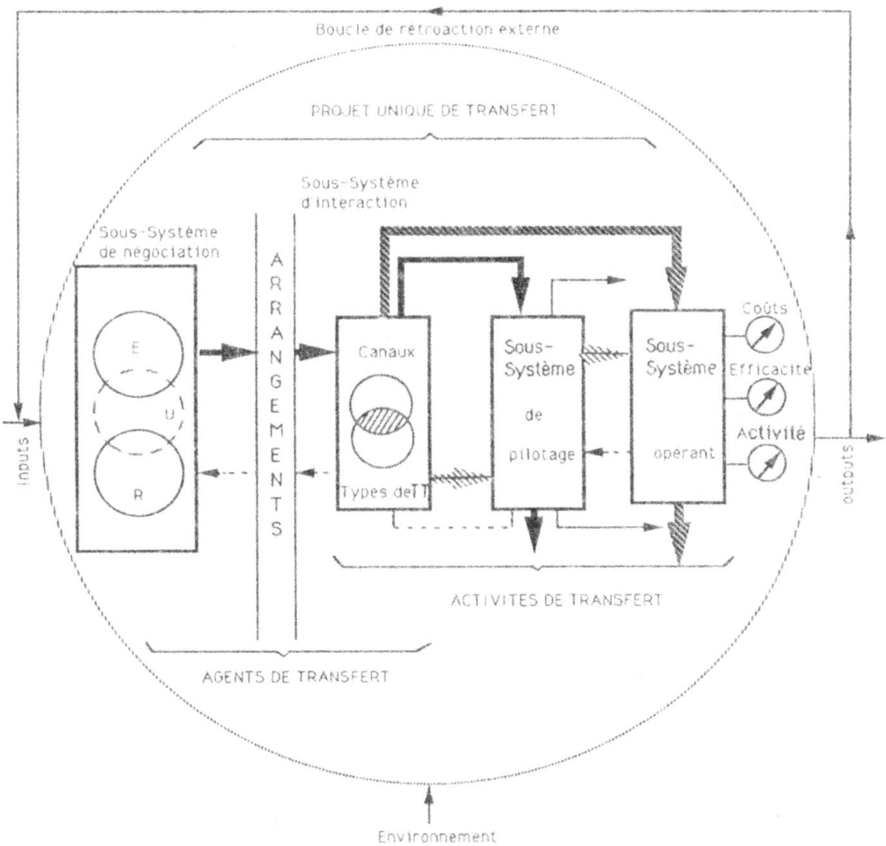

- flux discrétionnaires de pilotage
- flux de représentation du fonctionnement du système
- flux rétroactifs informant sur l'état de fonctionnement du système
- flux de régulation et de contrôle des activités de diffusion technologique
- flux technologiques et opératifs
- variables essentielles de coûts, d'efficacité et d'activité

E : projet de l'émetteur R : projet du récepteur U : projet unique de transfert

2.1 Conceptualisation du procès de transfert technologique.

Le procès de transfert technologique apparaît comme un système susceptible de s'adapter aux perturbations internes et aux contraintes de son environnement. Lorsque ce système fonctionne suivant les accords prévus, cela suppose qu'on a su réaliser les fonctions nécessaires.

Les fonctions du procès concernent la sélection d'une variante technologique, l'assignation des buts au système, l'anticipation adaptatrice de l'environnement, l'élaboration du projet, la coordination des activités de diffusion technologique que ce projet renferme et leur mise en oeuvre opérationnelle.

Les trois premières fonctions sont externes au transfert technologique proprement dit et portent sur l'identification des *inputs* (variante technologique à transplanter et agents émetteurs), des *outputs* (résultat attendu et effets espérés) et des *facteurs environnementaux* (opportunités et contraintes); tandis que les trois autres concourent à l'implantation de l'unité technologique projetée. Les étapes se rapportant à l'exploitation et à la maîtrise technologique éventuelle n'interviennent qu'une fois le projet réalisé, c'est-à-dire après l'exécution des opérations de diffusion technologique.

Attendu que le système interne de transfert est défini par l'ensemble des processus à partir desquels les agents conçoivent, coordonnent et mettent en oeuvre les activités retenues pour la diffusion technologique; il s'exprimera par la combinaison de trois sous-structures : celles de la conception du projet, de l'organisation des opérations et de leur exécution.

Pour ce faire, l'analyse se fera par niveaux dans le dessein de cerner plus facilement les résultats obtenus dans chacune de ces sous-structures. On peut ainsi distinguer[11] :

- Un niveau *conceptuel* qui établit les orientations fondamentales du système de transfert technologique à la suite de propositions négociées par les acteurs principaux; chaque décision-clé devrait alors subsister à travers les variations acceptables du projet à réaliser (par exemple, proposition de

---

11. *Ibidem*, pp. 186-187.

création d'une unité de production ne pouvant être changée au cours du procès).

- Un niveau *organisationnel* qui permet, d'une part, de spécifier de manière plus détaillée les types de ressources utilisables (par exemple, transmission des connaissances techniques aux opérateurs par des contacts personnels au lieu des manuels et dessins), et, d'autre part, d'effectuer la coordination des rôles techniques dans le cadre du projet de transfert adopté (par exemple, association des services d'ingénierie au montage d'une unité de production).
- Un niveau *opérationnel* qui concrétise l'adaptation des deux autres niveaux à une situation de transfert déterminée. C'est la partie du système qui exécute les opérations de diffusion technologique décidées en amont (par exemple, recyclage du personnel selon les spécifications, les programmes de formation et les choix pédagogiques retenus).

Dès lors, chaque niveau représentatif exprimera lui-même un sous-système, présentant une cohérence propre et correspondant à une catégorie de transformations identifiables. La pyramide des fonctions internes devient ainsi superposable à la structure du système interne. Trois types de missions essentielles peuvent, ce faisant, être considérés : celles de *direction-stratégie*, de *logistique-support* et d'*exécution-opération*.

Aussi aurons-nous, en termes cybernétiques, un sous-système qui «*opère*» la communication ou la «transformation» des flux technologiques véhiculés; un autre qui le «*pilote*»; un troisième qui «*négocie*» les grandes orientations (objet, moyens et modalités du transfert); enfin, un quatrième qui «*inter-agit*» avec les autres systèmes composants (sous-système de *négociation* en amont, sous-système de *pilotage* et sous-système *opérant* en aval) et facilite l'acheminement des flux nécessaires, ou simplement utiles, au fonctionnement de l'ensemble (*Figure 2*).

Mais lorsque nous évoquons les notions de système composant qui «*opère*», «*pilote*», «*inter-agit*» ou «*négocie*»; il ne s'agit que d'une modélisation de la réalité suivante : exécution (sous-structure *opérante*), direction technique (sous-structure de *pilotage*), organisation (sous-structure d'*interaction*), négociation du projet (sous-structure de *négociation*); réalité exprimée à travers différents organes finalisés.

En somme, les trois sous-structures mentionnées *supra* constituent un détour par l'approche holistique pour exprimer un système interne de transfert technologique décomposé en niveaux conceptuel, organisationnel et opérationnel, ayant des rôles complémentaires et assurant la progression de l'ensemble vers sa finalité, grâce à la réalisation des missions intermédiaires affectées à chacun de ces niveaux.

2.2 Structuration du système de transfert technologique.

La structuration du système de transfert technologique revient à lui donner la forme analysable que présentent ses organes solidaires, tels que chacun dépend des autres et ne peut être ce qu'il est que dans son organisation autonome et par sa relation avec eux. Envisagé d'une manière qui favorise son adaptation, ce système est susceptible d'évoluer suivant les accords négociés. Et si les résultats obtenus sont conformes à ceux qu'ils étaient supposés être, cela signifie que les agents impliqués ont su assumer les fonctions essentielles et les processus qui permettent à ces fonctions de se valoriser réciproquement.

S'il est vrai que chaque sous-système a son environnement propre, constitué par les autres organes composants avec lesquels il entretient des rapports fonctionnels durant la mise en oeuvre du projet de transfert technologique; il est clair que leur totalité aura des relations avec un environnement externe plus vaste. Plus généralement, tout système est défini par référence à un environnement qui le contient. Lorsqu'il englobe lui-même des sous-systèmes, il a pour rôle de transformer des inputs en outputs.

Au niveau des inputs du système, il importe de cerner le contenu et les moyens du transfert technologique projeté, c'est-à-dire les connaissances et leurs vecteurs d'incorporation, les émetteurs et les attributs initiaux des techniques à transplanter. Dès lors, les inputs représentent un apport externe constitué par les éléments à transférer et leurs supports, sans lesquels le système ne saurait fonctionner[12].

Un certain nombre de questions devraient toutefois rester à l'esprit : Quel type de technologie adhère à la fois aux besoins des récepteurs et à leur environnement ? Compte tenu du potentiel d'assimilation technologique, quelles en sont les caractéristiques déterminantes (complexité, intensité capitalistique, niveau de qualification de la main-d'oeuvre...) ? Quel est le profil des émetteurs (taille, spécificité, expérience...) ? Quelles en sont les particularités du point de vue micro-économique et macro-économique, ainsi que les coûts susceptibles d'être supportés (estimation, ordre de grandeur, garanties éventuelles...) ?

Les réponses à ces questions concernent en fait l'identification des inputs technologiques et des facteurs qui interviendront dans l'étude de faisabilité d'un projet conforme aux spécifications de la demande des récepteurs.

Quant au système interne de transfert technologique, il est composé de sous-systèmes assumant les missions de conception, d'organisation et d'exécution du projet adopté. C'est, en somme, la partie du système global délimitée dans l'espace (pays récepteur), dans le temps (délais de réalisation), dans les ressources (budgets alloués), dans les capacités (aptitudes d'émission et d'assimilation des flux technologiques), à l'intérieur de laquelle la préparation et la mise en oeuvre des activités de diffusion technologique ont effectivement lieu.

Par référence au modèle O.I.S.I.E., le système interne réunit les organes suivants :

- le sous-système de négociation qui permet aux acteurs, à travers une série de discussions durant lesquelles ils s'efforceront de trouver un terrain d'entente, d'aboutir à un projet unique de transfert technologique et aux modalités d'action commune, scellés par des arrangements contractuels;

---

12. Certains auteurs parlent d'un «apport quelconque d'énergie lato sensu»; in *Analyse de Systèmes*, «Ecosystèmes et dynamique des systèmes», No 3, Vol. II, Novembre 1976, p. 35.

- le sous-système d'interaction qui assure la gestion organisationnelle et la logistique du processus de transfert technologique;
- le sous-système de pilotage qui constitue un ensemble d'unités de direction technique auxquelles sont déléguées, sous certaines conditions arrêtées, les fonctions de régulation directe des phases opérationnelles ou modules de diffusion technologique;
- le sous-système opérant qui réalise les phases opérationnelles du projet, c'est-à-dire la transformation caractéristique des flux pour la diffusion technologique envisagée (communication du savoir de production, montage des équipements, transmission du savoir-faire et des connaissances techniques autour d'un processus de production...).

Par ailleurs, les variables d'état (coûts, activité, efficacité), accrochées au sous-système opérant (*Figure 2*), sont des indicateurs qui renseignent sur l'exécution du projet de transfert technologique, permettant ainsi au sous-système de pilotage de corriger la trajectoire lorsqu'une déviation survient par rapport à ce qui est attendu[13]. Ces *variables essentielles*[14] témoignent finalement de la traduction opérationnelle des missions internes et représentent, *a fortiori*, des accumulations de résultats d'actions antérieures.

S'agissant des outputs du système, l'idée sous-jacente consiste à dire que les autorités publiques et les élites administratives ont, à côté des agents récepteurs nationaux, une certaine influence sur la collectivité et les décisions d'industrialisation. Dès lors, pour qu'un transfert technologique réussisse, il faut que chaque partie y trouve son intérêt et en retire un avantage. Les émetteurs verront d'autant leur participation rémunérée que la firme réceptrice et les repré-

13. A un niveau inférieur du référentiel, les modules du sous-système de pilotage assurent la *gestion technique* ou *directe* des modules opérants qui leur sont assujettis et contrôlent les phases d'activité considérées sur la base des variables de coûts, d'activité et d'efficacité.

14. Voir l'interprétation pénétrante qu'en fait Jacques MELESE (in *L'analyse modulaire des systèmes de gestion*, Ed. Hommes et Techniques, Paris, 1982, pp. 95-96).

sentants avertis du pays hôte auront été persuadés de l'utilité de leur collaboration.

La poursuite des buts macro ou socio-économiques par les administrations d'origine ne devrait cependant pas exclure celle des buts micro-économiques visés par les firmes. Aussi serait-il pertinent de s'assurer de leur relative compatibilité avant la mise en oeuvre d'un projet, dans la mesure où la collaboration met souvent en jeu des crédits à l'exportation, des mécanismes de garantie et des intérêts réciproques.

Autrement dit, les outputs constituent des résultats-cibles susceptibles de correspondre, d'une part, aux prétentions plus ou moins ultimes des entreprises impliquées, et, d'autre part, à celles des Etats intéressés.

Concernant enfin l'environnement externe, plusieurs facteurs conjoncturels, institutionnels ou structurels sont de nature à compromettre les opérations de diffusion technologique. Plus généralement, tout système de transfert est conditionné par l'environnement dans lequel il évolue. La réussite du procès et l'atteinte des buts visés par les acteurs dépendent ainsi, dans une certaine mesure, de l'appréciation des variables perturbatrices et de la surveillance de leurs fluctuations afin d'en maîtriser les aspects les plus contraignants.

Les rapports entre le système interne de transfert technologique et son environnement externe (politico-légal, économique, socio-culturel, naturel) restent, sous cet angle, tributaires d'une double nécessité : celle de l'absorption des contraintes et celle de la saisie des opportunités ou de la recherche des performances.

En vertu de ce qui précède, le procès de transfert technologique se présente sous la forme simplifiée d'un modèle à des fins de simulation :

$$O = f(I,VA); VE = g(I,VA,O);$$

où O représente les outputs; VA les variables d'action imposées pour la mise en oeuvre des opérations, c'est-à-dire les règles de priorité dans l'exécution et la régulation des opérations de transfert technologique; VE les variables essentielles indiquant les résultats enregistrés au cours du procès; I les inputs du système.

3. L'évaluation des transferts technologiques.

Nous n'avons présenté jusqu'ici que le modèle d'ensemble. Il est temps d'aborder le schéma méthodologique d'évaluation des projets de transfert technologique.

Le cadre d'analyse proposé est téléologique en ce sens qu'il est axé sur les buts. Il repose sur l'idée d'un processus d'évaluation qui prend en compte les caractéristiques des inputs technologiques et les préoccupations inhérentes à leur valorisation dans le milieu récepteur; d'où une articulation des étapes autour de trois niveaux : l'utilité technique, l'utilité économique et l'utilité socio-politique.

La principale raison qui devrait pousser les agents récepteurs à importer un sous-système technologique est sans conteste le fait qu'il présente un avantage significatif par rapport aux techniques localement disponibles. Le premier niveau du processus d'évaluation correspond à l'étude de la satisfaction des besoins en termes de faisabilité technique, portant sur les options technologiques que l'on pourrait rendre opérationnelles par des adaptations appropriées.

A partir d'un jeu d'hypothèses, on dote l'avenir de multiples aspects exprimant divers effets probables attachés à ces options qui, de surcroît, sont supposées maîtrisables durant le processus ultérieur d'apprentissage. La comparaison des variantes technologiques permet ensuite d'apprécier la faisabilité technique au regard des avantages escomptés (*Figure 3*).

Une fois l'utilité technique dégagée, les options retenues sont jugées sur la base de leur efficacité économique probable (marché, financement, effets d'entraînement...). Cette étape devrait, par conséquent, aboutir à la faisabilité économique des variantes[15], dont les résultats peuvent être confrontés à la faisabilité technique afin de procéder à une réévaluation de l'option antérieurement préférée. Rien ne garantit cependant que la variante issue de la confrontation itérative de l'utilité technique et de l'utilité économique[16] sera socialement ou politiquement acceptable[17].

---

15. A. BOUTAT, «Choix d'investissements : un pari plus ou moins hasardeux», *Revue Economique et Sociale,* No 2, Juin 1989, pp. 102-111.

16. S'il s'agit d'un projet du secteur public, il va de soi que l'utilité économique ne saurait se limiter aux avantages micro-économiques. Cela d'autant plus que les critères macro-économiques et sociaux, et donc de

Par rapport aux avantages escomptés pour les personnels, les firmes ou la collectivité (assimilation technologique, intégration nationale, retombées dans le pays, modes de vie, etc.), tels qu'ils sont notamment définis dans les plans de développement, à travers les mécanismes régulateurs en matière d'importations de technologie et la politique de l'Etat hôte, il est possible de réexaminer les variantes. Le troisième niveau du processus revient précisément à retenir les critères susceptibles d'adhérer aux particularités socio-politiques locales.

Le schéma d'évaluation présenté revêt finalement un caractère itératif, dans le sens où la combinaison des différentes utilités (technique, économique et socio-politique) fait appel aux mécanismes de rétroaction propres à déterminer les effets prévisibles du projet, avant de procéder aux modifications utiles. On peut ainsi imaginer une boucle de rétroaction qui porte plus particulièrement sur les ajustements au second degré, une autre qui permet les ajustements au troisième degré, et ainsi de suite jusqu'à la prise en compte de l'essentiel des implications du projet de transfert technologique envisagé.

Cette démarche finalisée suppose évidemment que les buts visés par les principaux acteurs ne soient pas ignorés aux trois niveaux mentionnés *supra* et que le processus reste fonction de priorités et motivations précises.

Une fois la solution retenue selon ces critères de faisabilité, il reste à la mettre en oeuvre en concevant sa structure d'ensemble, l'organisation et l'exécution des activités de diffusion technologique qu'elle renferme.

Les émetteurs devront s'attendre à faire face à divers facteurs contraignants au cours de l'exécution des opérations. Ce qui reviendra, par exemple, à redéfinir certaines activités en accord avec les agents récepteurs, à re-négocier les rôles et les responsabilités (organisation logique du projet), à modifier les paramètres essentiels (délais, coûts...) et à réviser les enveloppes de ressources (budgets, garanties des pouvoirs publics...).

---

rentabilité nationale, y interviennent dans la pratique davantage que les premiers.

17. Voir à ce sujet : F. HETMAN, *La société et la maîtrise de la technologie,* O.C.D.E., Paris, 1973, pp. 108-111.

FIGURE 3
Evaluation du transfert et de la maîtrise technologiques.

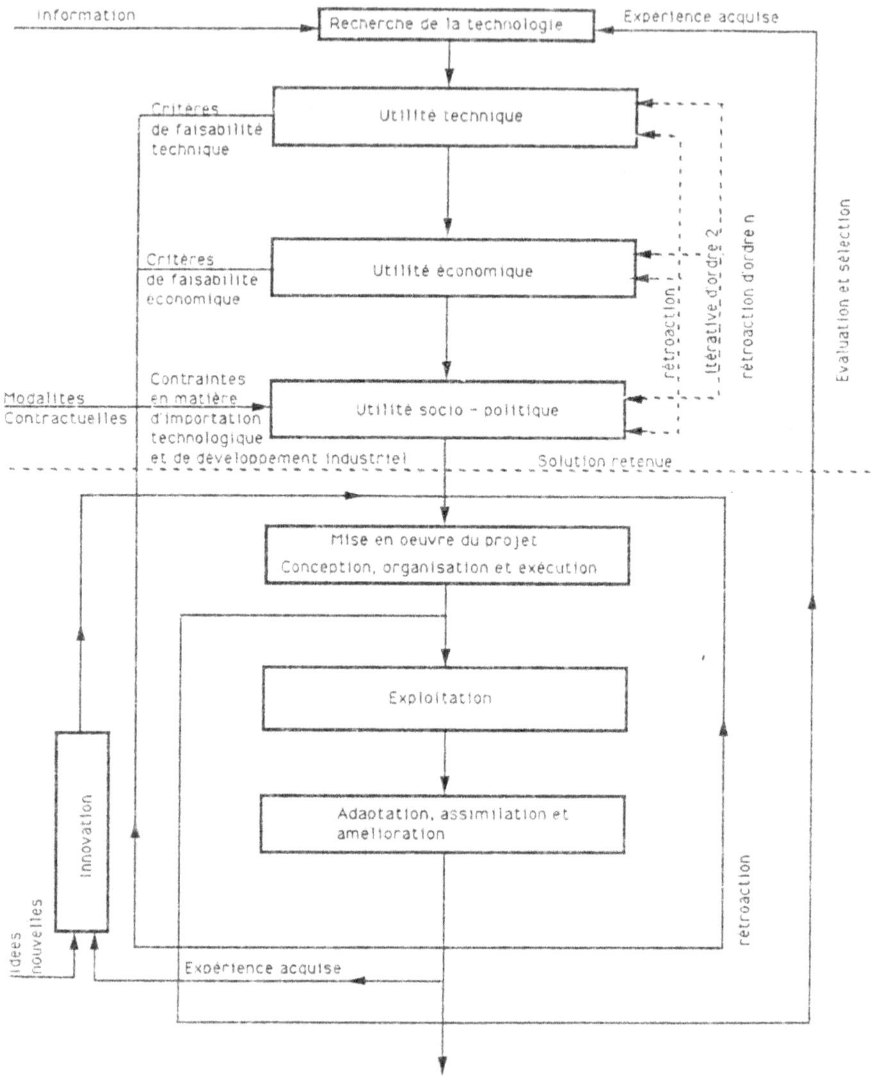

Mais la préparation et la réalisation d'une solution de transfert ne sont pas suffisantes pour satisfaire l'essentiel des besoins, notamment les exigences en matière de maîtrise technologique.

L'exploitation de l'unité technologique implantée devrait justement, si les conditions sont remplies, conduire à son adaptation et à l'appropriation ultérieure de certaines de ses composantes. Et c'est par un effort d'endogénéisation et d'enrichissement des «événements-expériences» que l'on peut rendre les éléments importés profitables à long terme.

La *figure 3* montre la séquence des principales étapes qu'impliquent l'évaluation, la mise en oeuvre d'un projet et l'assimilation technologique. On y trouve une boucle de rétro-action suggérant de nouveaux apports technologiques, propres à ré-alimenter le procès ou à consolider les acquis existants.

«Etablir des faits scientifiques, c'est toujours appliquer, par des opérations plus ou moins compliquées - et toujours suivant une méthode - un ensemble de concepts à un ensemble de phénomènes, de données empiriques».

Jean-William LAPIERRE[1].

Chapitre IV

METHODOLOGIE DE LA RECHERCHE

Si le principal objet de cet ouvrage est d'étudier les opérations de transfert technologique au Cameroun, puis d'établir des liens entre ces opérations, les inputs technologiques et les résultats obtenus, cela n'est pas un hasard : la recherche entend infirmer ou, au contraire, valider les hypothèses qui sont à la base du modèle O.I.S.I.E. C'est là sans doute un point de départ essentiel pour construire la réflexion et poser les jalons d'une analyse sur le développement industriel. Au-delà de cette visée, il convient de sensibiliser les intéressés à un nouveau type d'organisation possible.

---

1. In *L'analyse des systèmes politiques*, P.U.F., Coll. «*Sup*», Paris, 1976, pp. 9-10.

1. Méthode de collecte des données.

La méthode de collecte des données repose sur un guide d'entretien et un questionnaire. Le guide d'entretien représentait un canevas destiné à donner les grandes lignes de l'interview venant en complément du questionnaire et exprimant les préoccupations susceptibles d'être présentes à l'esprit pour une «évaluation» du transfert technologique.

Quelques considérations en ont conditionné la physionomie et les conclusions : l'intention d'étudier les opérations d'acquisition technologique en recourant à une enquête davantage orientée vers l'appareil productif; le souci d'établir certaines corrélations entre la technologie importée, les modalités et processus de transfert à partir d'un échantillon structuré d'entreprises; la nécessité d'obtenir des informations crédibles, qui a conduit à nous concentrer sur les questions essentielles.

1.1 Structuration et composition de l'échantillon.

L'enquête étant choisie comme méthode de collecte des données, il a fallu décider de l'échantillonnage. En tenant compte des contraintes multiples et de la nature particulière de l'étude, la taille de l'échantillon a été estimée, au départ, à une cinquantaine d'entreprises représentant en pourcentage les principales caractéristiques de la population statistique totale.

En effet, à l'exception du recensement systématique, il est rare qu'une enquête soit menée auprès de l'ensemble des entreprises composant un tissu industriel. Dans la plupart des cas, on a recours au sondage, qui apparaît *a fortiori* irremplaçable lorsque l'enquête générale est rendue impossible. Le sondage contextuel a, à ce titre, l'avantage de permettre d'«évaluer» le fonctionnement des groupes d'entreprises considérés.

Il a cependant été nécessaire d'adapter quelques paramètres pour réduire les effets de certains facteurs jugés moins déterminants. Nous avons ainsi éliminé : les activités d'extraction n'offrant que peu de savoir-faire facilement maîtrisable autour d'une filière industrielle, dans les limites de l'horizon temporel retenu; les travaux publics et le bâtiment où la présence est surtout étrangère dans les postes faisant appel aux techniques importées; le commerce import-export et la distribution où les transferts technologiques sont pratiquement inexistants.

Dans la masse des entreprises restantes, nous n'avons sélectionné que celles qui avaient sollicité une coopération internationale active et pour lesquelles nous avons établi des quotas par branches industrielles. Une première constitution de l'échantillon a d'ailleurs été effectuée sur la base de ces quotas, avant d'être affinée à l'aide de différents critères et aboutir à un ensemble de 24 entreprises. Les critères utilisés sont : le secteur d'activité, la taille, le type d'entreprise, la catégorie de biens ou services offerts, l'ancienneté.

Pour disposer des secteurs d'activité, l'accès aux informations fiables a été privilégié. De ce fait, seules les activités qui se sont développées après 1975 ont été retenues. Elles devaient, en outre, être variées du point de vue du système de production, afin de pouvoir regrouper les modalités autour des caractéristiques intrinsèques de la technologie cédée, suivant qu'il s'agit de la production de masse, de la production continue ou de la production à l'unité. Une proportion satisfaisante d'entreprises publiques et mixtes s'avérait utile pour posséder une typologie représentative des firmes camerounaises. L'effort s'est surtout polarisé autour des industries de transformation, en raison des investissements en jeu et de leur caractère généralement prépondérant[2]. Enfin, les secteurs devaient être suffisamment dispersés et fournir des perspectives d'appréciation du transfert technologique pour que l'investigation ait une valeur pratique.

A partir de ces éléments, nous avons obtenu 6 branches d'activité : *agro-industrie* (exploitation agricole, alimentation, boissons, tabacs); *chimie & parachimie* (plastique, chimie lourde, pétrochimie); *textile & habillement* (textile, chaussures, confection); *papier, bois & minéraux non métalliques* (bois, papier, matériaux de construction); *construction électrique, mécanique & métallique* (machines, appareils électriques, industries métalliques, mécanique); *services industriels* (conseils, maintenance).

---

2. *Cf.* Chapitre I : «*4. Le cadre industriel et économique*».

Les secteurs d'activité étant choisis, la sélection des entreprises fut effectuée sans informations préalables sur les mécanismes de transfert technologique adoptés, ni sur les motivations particulières des agents impliqués. Nous avons cependant dû éviter que deux entreprises aient le même émetteur, tout en veillant à la dispersion de l'échantillon sur les autres critères précédemment évoqués :

▪ La *taille* : Depuis les PME d'une quinzaine de personnes jusqu'aux entreprises de quelques centaines de salariés. La plus grande d'entre elles, du point de vue de la part de marché, du chiffre d'affaires, des capacités nominales de production ou du capital social, devait figurer dans chaque branche; la condition de départ étant celle d'un investissement ayant fait appel à l'assistance et aux techniques étrangères.

▪ Le *type d'entreprise* : Une proportion importante des entreprises camerounaises relève des secteurs public et parapublic (mixte). L'Etat joue ainsi un rôle de premier plan dans l'industrie nationale : la valeur ajoutée et la production, les emplois et les carrières industrielles, les crédits à l'économie et les subventions, concernent en majorité des entreprises ayant une participation étatique. Attendu que ces dernières font largement appel à la technologie étrangère, il a fallu les représenter dans l'échantillon, à travers une ventilation entre le secteur strictement public et le secteur parapublic; le reste étant constitué par le quota des entreprises privées. A côté de cela, l'analyse de l'environnement général, a démontré un lien étroit entre industries à participation étatique et firmes en difficultés; d'où l'intérêt supplémentaire, dans la perspective d'une amélioration de la situation actuelle, d'une prise en compte de ces firmes.

▪ La *catégorie de biens ou services* : On retrouve des entreprises offrant des biens de consommation finale, des biens intermédiaires, des biens d'équipements et des services, avec cependant une forte proportion du premier type de production, plus courant dans l'industrie camerounaise. Signalons encore que le poids de la branche «services industriels» a dû être «arrondi» à l'unité supérieure en raison de la taille de l'échantillon et de l'éventualité de pouvoir effectuer des comparaisons; ce qui a conduit à retenir deux entreprises au lieu d'une seule, comme le suggérait la répartition par quotas.

TABLEAU 8

Répartition des projets par branches industrielles.

BRANCHES INDUSTRIELLES	NOMBRE DE PROJETS
AGRO-ALIMENTAIRE	5
- exploitation agricole	
- alimentation	
- boissons et tabacs	
CHIMIE ET PARACHIMIE	3
- caoutchouc et plastique	
- chimie lourde	
- pétrochimie et raffinage	
TEXTILE & HABILLEMENT..	4
- textile	
- cuirs et chaussures	
- confection	
PAPIER, BOIS & MINERAUX NON METALLIQUES	4
- bois	
- papier et emballage	
- matériaux de construction	
CONSTR. ELECTRIQUE, METALLIQUE & MECANIQUE	6
- machines et appareils électriques	
- industries métalliques et mécaniques	
SERVICES INDUSTRIELS	2
- consultance et maintenance	
TOTAL	24

▪ *L'ancienneté* : Il a été nécessaire d'avoir le projet de transfert technologique le plus ancien dans chaque branche depuis 1975, de manière à disposer de l'historique le plus étalé possible en matière d'exploitation technologique. Cela devait également permettre de rechercher dans le temps certains germes de la situation économico-industrielle actuelle.

Sur la base de ces différents critères, l'échantillon regroupe un éventail de situations contrastées (*Tableau 8*). Il semble, à cet égard, de nature à révéler des *indications* significatives.

S'agissant des partenaires étrangers dont le point de vue ne pouvait être objectivement négligé, ils sont au nombre de 22, deux n'ayant pas jugé opportun de s'offrir à l'interview, ni de répondre à une enquête postale. La population de ces firmes découle de la sélection des entreprises réceptrices et n'a donc pas nécessité une structuration, ni d'aménagement particulier. Il faut dire qu'elle est tributaire de l'exercice précédent : celui qui a abouti à la constitution de l'échantillon des récepteurs camerounais.

1.2 Questionnaire.

En plus des informations d'ordre général, recueillies auprès des administrations publiques, sur les industries camerounaises et le système technico-scientifique national[3], les dirigeants des entreprises de l'échantillon ont été directement interrogés. Le questionnaire comprenait cinq groupes de questions[4] :

- *Caractéristiques des firmes* : taille, date de création, type d'entreprise, chiffre d'affaires annuel, capital social, nombre de collaborateurs, branche industrielle, type principal de production, valeur totale de la production, participation étrangère.
- *Caractéristiques de la technologie transférée et nature du projet* : type de technologie selon les variables caractéristiques, partenaires privilégiés,

3. Ces aspects sont présentés dans le premier chapitre.
4. *Cf.* Annexe.

coût des contrats, type de projet, description des activités de diffusion technologique.

- *Modes de transfert et motivations des partenaires* : raisons majeures à l'origine du projet, commanditaire ou promoteur, origine des principaux partenaires, choix des fournisseurs de la technologie, motifs initiaux, orientation des discussions, intervention des autorités locales, description de la négociation, positions relatives sur le prix, intentions sur le plan des objectifs de production, exigences des partenaires.
- *Réalisation du projet* : préparation et analyse du projet, organisation et exécution, problèmes de mise en oeuvre, délais, coût final du projet.
- *Exploitation et résultats* : avantages essentiels de l'importation technologique, estimation des effets obtenus, contraintes internes et externes de l'exploitation, difficultés et obstacles à l'assimilation technologique, formation professionnelle continue, assistance technique à la sous-traitance éventuelle, raisons de la réussite ou de l'échec, leçons à tirer, soutien local à caractère technologique, activités de R-D, rapports entre la technologie transférée et la situation concurrentielle.

D'autres questions devaient être spontanées, de manière à compléter les renseignements que, ni l'enquête directive, ni le guide d'entretien, n'avaient pu prévoir. Pour confirmer les réponses aux questionnaires, les dossiers soumis au Syndicat des industriels du Cameroun, au Ministère du commerce et de l'industrie, au Ministère du plan et de l'aménagement du territoire, ainsi qu'à la Société nationale d'investissement, ont fait l'objet de discussions avec les responsables des services concernés, lorsqu'ils ne pouvaient être directement consultés.

Comme le questionnaire était destiné aussi bien aux entreprises réceptrices qu'émettrices, il importait de savoir quelles étaient les stratégies respectives des agents de transfert technologique et l'influence qu'elles auraient eu dans la procédure de négociation. Il convenait ensuite de prendre connaissance des problèmes rencontrés lors de la mise en oeuvre des projets, vus sous deux angles différents, afin d'en tirer le maximum de facteurs déterminants.

Au cours de ces entretiens, la priorité a été donnée à l'identification des unités technologiques implantées, de leur exploitation, du personnel exploitant et des causes d'un dysfonctionnement éventuel. Il fallait, en outre, cerner les conditions connexes à l'exploitation technologique (approvisionnements, intervention des pouvoirs publics dans le secteur, dimension du marché, processus d'apprentissage...). L'indication de l'origine du capital et de la contribution des entreprises étrangères en matière d'assistance technique répondait, enfin, au souci de comprendre les formes de coopération les plus appropriées entre firmes émettrices et réceptrices.

2. Méthode d'analyse des données.

Si l'objet majeur du formulaire d'enquête était de faciliter la collecte, pour chaque projet ayant abouti à l'implantation d'une unité technologique, d'un grand nombre d'informations proprement techniques, nous n'avons pas voulu négliger les questions d'ordre organisationnel, administratif, commercial et financier, susceptibles d'éclairer la réalité des transferts technologiques au Cameroun et de dégager les principales erreurs commises, voire les carences les plus entretenues. Le traitement de ces informations devait s'effectuer ensuite à partir de procédés statistiques d'analyse des données, autorisant une étude globale des mécanismes en jeu.

2.1 Conduite de l'enquête.

La démarche d'enquête fut la suivante : suite à l'envoi préliminaire du questionnaire permettant aux intéressés de se préparer, l'interview directive est réalisée avant l'interview ouverte. Cette dernière revenait alors à obtenir un entretien avec un ou plusieurs responsables ayant vécu les différentes phases du processus de transfert-acquisition technologique.

Au total, 24 visites ont été effectuées dans les entreprises réceptrices. En ce qui concerne les 22 partenaires étrangers, nous avons pu bénéficier de leurs opinions grâce à des entretiens non-directifs pour 13 d'entre eux et directifs pour les 9 autres.

Pour ce qui est de la disponibilité de l'information, il faut dire que, la plupart du temps, si les données existent, elles restent dispersées entre les différents acteurs (autorités administratives, émetteurs, partenaires locaux, financiers...), qui, par manque d'intérêt et quelquefois par méfiance, ne sont pas toujours disposés à les transmettre sans l'aval de quelque autorité influente. Conséquence : l'information est fragmentaire, jamais entretenue au-delà de la période pendant laquelle elle serait nécessaire à ceux qui la détiennent, exigeant, chemin faisant, la confirmation d'une source plus autorisée. Compte tenu de ces contraintes, il a fallu adopter une démarche itérative, plus adaptée à la diversité des situations et aux rétro-corrections.

Des interviews ont, par ailleurs, été menées auprès des personnalités en relation permanente avec l'économie camerounaise, appartenant à des institutions internationales (BANQUE MONDIALE, ONUDI, CNUCED...), à des organismes professionnels (SYNDUSTRICAM, OSTC...) et auprès d'agents externes ayant suivi de loin les projets étudiés (CFCE, CENTRE NORD-SUD DE L'INSTITUT DE L'ENTREPRISE...).

Les sources documentaires ont, par ailleurs, été mises à contribution : *Revue Tiers Monde, Mondes en développement,* études de la SIASS[5], documents établis par différents ministères camerounais, informations ponctuelles de journaux spécialisés (*Le Monde, Afrique-Asie, Jeune Afrique...*), etc.

Des entretiens à caractère plus général auprès des chambres de commerce et avec quelques enseignants des centres universitaires de Douala et de Yaoundé, ont enfin permis de situer l'ampleur du phénomène des transferts technologiques et de replacer la recherche dans le cadre de l'évolution de l'économie et de la société camerounaises.

---

5. Société internationale d'assistance et de services spécialisés, Paris.

2.2 Traitement des données.

Nous ne nous écartons pas des procédures habituelles de traitement scientifique des résultats d'enquête, à ceci près que le diagnostic selon les caractéristiques des firmes, première étape de l'interprétation, a pour but de positionner la population de l'échantillon par le biais d'une série de propriétés communes, et, par conséquent, tend à réduire la complexité relative du paysage industriel camerounais. L'analyse d'un ensemble de variables permet, dans un deuxième temps, de vérifier, à travers les autres thèmes du questionnaire, nos hypothèses et propositions principales sur les transferts technologiques.

Lorsque l'interprétation des seuls indices quantifiés, issus des fréquences statistiques de variables, s'est avérée insuffisante, nous avons eu recours à la *tabulation croisée* des caractères et à l'*analyse factorielle des correspondances* (AFC).

La *tabulation croisée* est une méthode dont les principes sont largement connus pour que nous nous dispensions de les rappeler ici[6]. Signalons simplement qu'elle se résume à l'étude des tableaux ventilant une population selon deux caractères. Si ces deux caractères sont dichotomiques, c'est-à-dire comportent chacun 2 modalités statistiques, le tableau sera limité à 4 cases.

Mais on peut également avoir des caractères progressifs comportant plusieurs modalités plus ou moins mesurables selon une certaine échelle (caractères scalaires), ou simplement classables selon un ordre déterminé (caractères ordinaux), voire carrément non ordonnées (caractères nominaux). Il en ressort qu'il n'est pas exclu de traiter un tableau de contingence croisant des caractères purement nominaux.

Quant à l'AFC, il s'agit essentiellement d'un mode de représentation graphique de tableaux de contingence ou de tris croisés multiples, visant à rassembler en un ou plusieurs graphes, la plus grande partie possible de l'information récol-

---

6. Voir par exemple : J.-P. BENZECRI, *Histoire et préhistoire de l'analyse des données,* Dunod, Paris, 1982, 159 p.; L. LEBART, A. MORINEAU, J.-P. FENELON, *Traitement des données statistiques,* Dunod, 1984, 510 p.; J. de LAGARDE, *Initiation à l'analyse des données,* Dunod, Paris, 1983, 158 p.

tée, en s'attachant aux correspondances entre les caractères à partir des valeurs relatives.

Si les tableaux modestes n'ont guère besoin d'AFC pour être expliqués, il n'empêche que le principe est de découvrir des éléments cryptiques et concepts cachés, à travers un traitement mathématique des variables à échelle discontinue, nominale ou binaire. On peut ainsi interpréter de façon analogue et simultanée l'espace des individus statistiques et celui des attributs dans un même système d'axes factoriels. La propriété d'équivalence distributionnelle permet, de surcroît, d'agréger les classes de fréquences ayant des profils identiques sans qu'il se produise une distorsion des résultats finaux.

Selon Jean-Paul Benzécri, si l'on fait des analyses de correspondances, «c'est dans l'espoir de découvrir les axes propres à un équilibre existant réellement dans la nature, [...] les propriétés cachées qui, situées plus haut dans la hiérarchie naturelle des causes que celles qui tombent sous le sens, régissent celles-ci»[7]. On peut accepter ou rejeter une telle proposition, il faut néanmoins convenir que les régularités qu'un facteur discerne avec les données rassemblées «dépendent à la fois de la théorie sous-jacente à leur recueil et du champ d'observation dont elles sont issues»[8]. Ces régularités deviennent ainsi des concepts et de nouveaux objets scientifiques, qui n'acquièrent leur statut que dans le cadre d'étude retenu.

Par rapport à notre champ d'observation, à chacune des entreprises interrogées nous avons associé 30 caractères, comprenant au total 132 modalités, l'objectif étant de réduire l'espace des individus et attributs statistiques de manière à retenir un nombre limité de facteurs sur lesquels se trouve concentré un maximum d'informations. L'interprétation des facteurs devait alors s'effectuer en tenant principalement compte des positions relatives dans un repère orthonormé et de la contribution des variables à l'inertie des axes. Les autres thèmes de l'enquête, faisant intervenir des variables non codi-

---

7. J.-P. BENZECRI et *al.*, *L'analyse des données*, Dunod, Tome 2, Paris, 1973, p. 48.

8. Ph. CIBOIS, *L'analyse factorielle*, P.U.F., Coll. «*Que sais-je ?*», Paris, 1987, p. 125.

fiables, servaient enfin à la saisie des renseignements complémentaires.

Nous devinons une objection : celle qui reviendrait à soulever le problème de la taille de l'échantillon. Nonobstant les précautions prises face aux pièges et contraintes de ce type d'investigation[9], remarquons que, sous l'angle strict de l'AFC, la taille de l'échantillon n'est pas déterminante outre mesure. Les graphiques obtenus étant les mêmes, que la population soit de 24, 240, 2400 ou 24000 individus; attendu que le raisonnement se fonde sur un tableau réduit qui ramène la population statistique à l'unité et que le *lien*, grandeur essentielle de l'AFC, est indépendant de cette population[10]. Tout en va autrement si on s'attache à la valeur significative du test de *Khi-deux* (Pearson). Mais les études à ce titre peuvent être effectuées additionnellement en partant des résultats de l'analyse factorielle des correspondances.

3. Hypothèses de la recherche.

Les propositions qui vont suivre, constituent des données initiales, tributaires d'un état de choses souhaitable[11], que nous admettons provisoirement pour servir de base au raisonnement et à l'analyse, et que nous tenterons de confronter aux résultats des projets de transfert technologique étudiés.

---

9. Signalons que, dans les enquêtes analogues, l'échantillon dépasse rarement une vingtaine d'entreprises. Voir par exemple : T. ATAMER, *Choix des partenaires et modalités de transfert international de technologie*, Thèse non publiée, Institut d'Administration des Entreprises, Université des Sciences sociales, Grenoble, Décembre 1980, 364 p.; Ph. LASSERRE, S.-J. YONG, «La modalité de l'acquisition de technologie dans les entreprises des pays en voie de développement», *Revue Française de Gestion*, Septembre-Octobre 1982, pp. 85-95.

10. Nous n'insisterons pas ici. Voir : J. de LAGARDE, *Initiation à l'analyse des données, op. cit.*, pp. 55-59.

11. Pour de plus amples explications, voir à ce sujet : A. BOUTAT, *Les transferts internationaux de technologie comme instrument de développement industriel, op. cit*, pp. 165-296.

3.1 Premier groupe d'hypothèses.

La technologie à transférer implique un *portefeuille* d'inputs variables selon leurs caractéristiques intrinsèques. La sélection de ces inputs consiste, pour les intéressés, à identifier les éléments contribuant à la satisfaction des besoins préalablement définis. Compte tenu du fait qu'à chaque intensité factorielle correspondent différents types de technologie, la variante à privilégier est celle qui maximise la possibilité de maîtrise ultérieure.

FIGURE 4

Grille d'analyse des inputs technologiques.

COMPLEXITE	TYPES DE TECHNOLOGIE			
	Type I	Type II	Type III	Type IV
très élevée	I_{41}	I_{42}	I_{43}	I_{44}
élevée	I_{31}	I_{32}	I_{33}	I_{44}
moyenne	I_{21}	I_{22}	I_{23}	I_{24}
faible	I_{11}	I_{12}	I_{13}	I_{14}

Le type I désigne une technologie intensive en main-d'oeuvre à faible qualification. Le type II se réfère à une technologie intensive en capital, mais nécessitant une faible qualification de la main-d'oeuvre employée. Le type III se rapporte à une technologie intensive en main-d'oeuvre à haute qualification, tandis que le type IV est celui d'une technologie intensive en capital faisant appel à une main-d'oeuvre hautement qualifiée. Associées à la complexité technologique, ces variantes permettent, à leur tour, de définir un *échiquier stratégique* des choix en la matière (*Figure 4*).

Sur la base des inputs I_{11}, I_{22}, I_{33} et I_{44} qui constituent en quelque sorte le «centre de gravité» de la grille d'analyse, une synthèse des situations probables quant aux modalités de transfert technologique conduit à formuler les hypothèses suivantes :

- Les inputs autour de I_{11} (*main-d'oeuvre intensive - faible qualification*) font apparaître une faible complexité technologique. Le mode relationnel et le réseau organisationnel ne requièrent pas une forte interdépendance entre les agents, eu égard à la simplicité des machines ou des équipements cédés par leurs fournisseurs et du savoir-faire d'usage qui les fait fonctionner.
- Les inputs de type I_{22} (*capital intensif - faible qualification*) sont de moyenne complexité et adhèrent ainsi aux nécessités de la mise en oeuvre d'un projet industriel entraînant des opérations diverses telles que la conception, le montage des installations, le démarrage, la formation du personnel technique, etc. Le mode relationnel y est plus contraignant que dans le premier cas et s'oriente vers la conclusion de contrats avec une firme d'ingénierie, un spécialiste du système de production ou de la branche industrielle considérée.
- Les inputs gravitant autour de I_{33}, à niveau élevé de complexité, se trouvent justifiés par l'adoption de l'axe «*main-d'oeuvre intensive - haute qualification*», selon lequel les éléments de savoir-faire et les connaissances techniques protégées

sont dominants. Les contrats de licences, accompagnés éventuellement d'autres types d'arrangement industriel sur les services technologiques requis, peuvent être envisagés. Les détenteurs de procédés et d'informations susceptibles d'un droit de propriété industrielle, demeurent, par conséquent, les principaux partenaires.

- Les inputs de tendance I_{44} introduisent, enfin, un degré très élevé de complexité et combinent les éléments techniques d'un projet industriel et ceux des contrats de licences, en raison notamment de l'accent mis sur la sophistication des équipements et du savoir de production (*capital intensif - haute qualification*). Le réseau organisationnel y est plus dense que précédemment et soutenu par un ensemblier ayant la capacité de réunir divers intervenants au cours du procès de transfert technologique.

En somme, les inputs technologiques peu complexes (I_{11}) se transmettent à travers les *projets simples de montage des équipements* et la *communication du savoir-faire de leur usage*. Les inputs technologiques I_{22} supposent la réalisation d'un *projet industriel moyennement complexe*, impliquant les opérations de conception, de mise en oeuvre des installations techniques, de formation du personnel aux tâches de routine du processus de production et, éventuellement, d'assistance technique.

Les inputs à complexité élevée, au voisinage de I_{33}, incorporent les procédés, le savoir-faire de production et les connaissances généralement couvertes par un droit de propriété industrielle, associés à un *projet à fort contenu immatériel*; tandis que les inputs autour de I_{44} adhèrent à un *projet d'ensemble industriel*, combinant la livraison d'une unité de production et la cession de brevets ou l'octroi de licences.

Dans les pays en développement, le nombre et le coût des contrats sont généralement peu élevés dans le premier cas, assez élevés dans le second cas et très élevés dans les deux dernières situations[12].

3.2 Deuxième groupe d'hypothèses.

Comme les modes de transfert technologique sont rarement identiques au sens strict[13], l'accent mis sur certains éléments techniques indispensables est censé contribuer à la détermination des phases d'activités, l'ordre des séquences et les agents aptes à en assumer la responsabilité opérationnelle.

Il convient, ce faisant, de tenir compte de considérations telles que : le statut du commanditaire ou promoteur, la pertinence des études de faisabilité, le type de partenaires sélectionnés et les motivations des acteurs.

Un certain nombre d'hypothèses peuvent, à ce titre, être retenues :

- Le commanditaire est, pour les projets locaux complexes entraînant des investissements de grande envergure, l'Etat ou une entreprise mixte, dans la perspective de relations durables avec les émetteurs. L'implantation des filiales de firmes multinationales requiert l'installation d'unités de production pour lesquelles le promoteur étranger assure l'ensemble des prestations technologiques nécessaires. Faute de capitaux conséquents, les projets portant sur la livraison des machines et du savoir-faire d'usage requis sont essentiellement demandés par les promoteurs privés nationaux.
- Hormis le critère habituel de rentabilité potentielle, les motifs à caractère stratégique des acteurs locaux ressortissent, dans les projets à fort volume d'investissements, à la volonté de créer des emplois, couvrir les besoins du marché et pré-

---

12. A. BOUTAT, «Exportation de technologie : la relative percée de certains pays du Sud», *Revue Economique et Sociale,* No 4, Décembre 1988, pp. 215-220.

13. A. BOUTAT, «Modalités et effets du transfert technologique par les firmes multinationales : l'évolution du contexte dans les pays en développement», *Revue Etudes internationales,* Vol. XX, No 4, Déc. 1989, pp. 817-836.

parer le personnel à la maîtrise technologique. Pour les partenaires étrangers, le souci d'occuper de nouveaux marchés, de se rapprocher des sources de matières premières, de bénéficier des coûts de production bas et des avantages découlant des incitations publiques, est vraisemblablement déterminant. Le degré de collaboration étatique dépendra de l'importance du projet pour la collectivité, de l'impact socio-économique, des garanties à accorder et des mécanismes de crédit. Il en résulte qu'un transfert technologique ne s'opère dans les meilleures conditions qu'à partir du moment où chaque partie y trouve son intérêt et en retire une utilité conséquente.

3.3 Troisième groupe d'hypothèses.

Une gestion efficace du transfert technologique ne peut être qu'intégrée, en ce sens qu'elle assume les différentes fonctions du système et les processus qui font que ces fonctions, assurées par des sous-systèmes (de négociation, d'interaction, de pilotage et opérant), se valorisent réciproquement. Il s'agit alors de processus d'intégration concrets, vécus par les agents émetteurs et récepteurs dont les manifestations doivent être compatibles et les interventions suivies. Quand ces processus sont déficients, le transfert technologique peut être compromis.

A cet égard, il semble opportun d'apporter un soin particulier aux opérations de conception, d'organisation et d'exécution des projets afin que le transfert technologique ne souffre inexorablement des problèmes de coordination et de dépassement des coûts ou délais.

Quelques hypothèses en découlent :

- La préparation conjointe des opérations de transfert technologique est de nature à atténuer les propensions conflictuelles aiguës et les contraintes d'ordre externe. L'intervention suffisamment informée des partenaires récepteurs permet ainsi de mieux coller aux réalités locales. Dans le cas des projets à fort volume d'investissements, une évaluation incomplète des effets multidimensionnels risque d'entraîner d'importantes remises en cause, eu égard à la complexité des prestations propres aux usines «clés en main». Une étude de faisabilité, reposant sur l'analyse du transfert technologique sous ses aspects interrelationnels, apparaît alors une condition minimale de réussite.

- Les causes circonstancielles de difficultés se répartissent entre les trois niveaux du système interne (conceptuel, organisationnel, opérationnel). Les problèmes particuliers de direction-stratégie, de logistique-support et, surtout, de retards dans la phase d'exécution-opération, ont sans doute une fréquence plus forte dans les projets grandioses impliquant la fourniture d'un «paquet technologique» par des ensembliers industriels.

3.4 Quatrième groupe d'hypothèses.

Durant la phase d'exploitation de l'unité technologique implantée, il y aura «correspondance non valable» si les effets obtenus s'avèrent non conformes à ce qu'ils étaient supposés être : absence de maîtrise technologique (logiquement *terminus ad quem*); manque de rentabilité et non réalisation du volume des ventes espérées, liés à l'élaboration du projet; difficultés de fonctionnement résultant du montage technique; buts économiques globaux hors de portée; etc.

Deux hypothèses supplémentaires s'imposent, dès lors, à l'esprit :

- Les projets à fort contenu de biens de capital connaissent le plus faible taux de réussite, en raison des investissements en jeu, des risques sous-jacents et d'une rentabilité particulièrement incertaine. Les prestations à dominante d'éléments matériels et d'installations techniques, à l'inverse des prestations à dominante d'éléments immatériels (diffusion des procédés, transmission d'informations techniques, cession de savoir-faire), ne bénéficient d'économies d'échelle que dans les situations où ces installations fonctionnent à pleine capacité et où le marché est assuré pour couvrir les coûts importants du «paquet technologique» livré. Le taux d'échec y apparaît finalement fonction croissante de l'échelle de complexité technologique et de la taille des projets mis en oeuvre.

- Lorsqu'une cohérence globale du procès n'est pas établie, les perspectives d'un fonctionnement optimal se trouvent assombries en phase d'exploitation technologique. Il faudrait, sous cet angle, admettre que les *outputs* (résultats finaux) constituent le produit d'impacts croisés entre les *inputs* du système (émetteurs, variante technologique, supports matériels), les organes internes assurant le processus de transfert technologique (sous-systèmes chargés de la conception, de l'organisation et de l'exécution du projet) et l'environnement externe (physique, politique, socio-culturel, technique, économique).

«Nous dérivons à travers votre sacrifice d'un dodelinement de vague, je saute ancestral aux branches de ma végétation. Je m'égare aux complications fructueuses. Je nage aux vaisseaux. Je plonge aux écluses [...]».

Aimé CESAIRE[1].

Chapitre V

MODALITES DE TRANSFERT-ACQUISITION TECHNOLOGIQUE

Le but recherché étant d'éclairer la relation entre les technologies importées au Cameroun et les modalités de leur transfert, il semble opportun de valider les hypothèses formulées sur les inputs technologiques et les projets induits, les modes de transfert et les motivations des partenaires, la préparation et la réalisation des projets, l'exploitation de l'unité technologique résultante et les effets obtenus.

1. Situation générale.

Avant d'interpréter les résultats de l'enquête de façon plus approfondie, il paraît utile de présenter, au préalable, la situation générale par secteurs industriels et par types

1. In *Les armes miraculeuses*, Poésie/Gallimard, Paris, 1970, p. 16.

d'entreprises. Il s'agit surtout de connaître les domaines qui sont porteurs de succès ou d'insuccès.

1.1 Situation par secteurs industriels.

Le premier reflet du diagnostic par branches des unités technologiques est le suivant : sur la totalité des projets analysés, 63% constituent des cas d'échec, 29% peuvent être considérés comme des exemples de réussite et 8% ne permettent pas de porter un jugement tranché. De graves dysfonctionnements apparaissent dans les branches «chimie & parachimie», «construction électrique, métallique & mécanique», «textile & habillement», «bois, papier & minéraux non métalliques».

Encore faut-il nuancer ce diagnostic, car chaque branche requiert une interprétation particulière. On verra alors que les brasseries jouissent de facteurs favorables dans l'«agro-alimentaire» : un processus de production relativement maîtrisable, une longue expérience dans le secteur, une demande locale assurée, une participation active dans l'entreprise réceptrice des émetteurs-brasseurs, quelques avantages accordés par le gouvernement qui y voit une source importante de revenus fiscaux.

Les branches «construction électrique, mécanique & métallique», «chimie & parachimie», souffrent des aléas de maîtrise technologique, de la concurrence internationale et du déséquilibre financier en phase d'exploitation. La plupart des entreprises de ces secteurs (70%) fonctionnent en-dessous de leurs capacités nominales de production.

Le «textile & habillement» trouve davantage la source de ses maux dans la morosité du marché plutôt que dans l'exploitation des techniques étrangères. Le comportement des consommateurs nationaux qui privilégient la marchandise importée, la difficulté d'exporter compétitivement vers les pays occidentaux, y sont sans doute pour beaucoup. Deux producteurs sur quatre se plaignent ainsi de l'inorganisation de la demande et de sa satisfaction prioritaire par les importations, en ce qui concerne notamment les couches sociales les plus solvables. Mais il ne s'agit là que d'un aspect du problème que pose la demande; il est un fait majeur au niveau du cadre socio-économique général : l'écart marqué entre les besoins réels en habillement de haut de gamme et le niveau de l'offre effective.

La branche «bois, papier & produits minéraux non métalliques» reste caractérisée par le sur-dimensionnement des unités technologiques par rapport aux capacités utilisables. Outre la technicité élevée des processus de production, le montage financier des projets constitue un inconvénient de taille. A l'instar de certains domaines de l'«agro-alimentaire», d'autres contraintes se situent sur la qualité et la régularité des approvisionnements en consommations intermédiaires des entreprises.

De manière générale, l'une des causes principales du dysfonctionnement des installations techniques réside dans la conception des projets et le processus de maintenance. Si la défaillance de l'entretien et du suivi de l'exploitation est due en partie à l'absence de tradition industrielle, le manque de pièces détachées et le recyclage inapproprié des opérateurs y génèrent des contraintes supplémentaires. Or, celles-ci semblent souvent négligées au moment du montage des projets, et le financement nécessaire reste insuffisamment prévu.

On remarquera aussi que les risques d'échec sont particulièrement marqués dans les secteurs ayant fait appel à des inputs technologiques à haut coefficient d'investissement (investissement supérieur à 2x le chiffre d'affaires moyen), telle la branche «bois, papier & produits minéraux non métalliques». Si dans l'ensemble, 62% des projets incorporent des inputs nécessitant une simple qualification de la main-d'oeuvre occupée à des tâches relativement routinières, 2/3 des inputs à niveau de qualification élevé se retrouvent dans les secteurs «chimie & parachimie» et «bois, papier & produits minéraux non métalliques»; 14% de ces inputs étant, au demeurant, concentrés dans les «services industriels».

La *figure 5*, issue de l'analyse factorielle des correspondances (AFC), montre que les entreprises de textile et celles offrant des services industriels ne recourent pas significativement à de gros investissements. Le premier axe factoriel, expliquant 57% de la variance, exprime l'échelle de sophistication du savoir de production induit par les apports étrangers; il oppose en ce sens les inputs technologiques du «textile &

habillement», de la «construction électrique, métallique & mécanique» et de l'«agro-alimentaire» à ceux de la «chimie & parachimie», du «bois, papier & minéraux non métalliques» et des «services industriels». Tandis que l'axe 2, expliquant 31% de la même variance, oppose les secteurs «lourds», à fort volume d'investissements, aux secteurs «légers», à faible volume d'investissements.

Résultats de l'AFC sur la base d'un tableau de contingence croisant les types de technologie et les branches industrielles[2].

Coordonnées des points individus (branches industrielles) :

	Axe 1	Axe 2
Construction électrique, métallique & mécanique (EleMec)	-0.573	+0.205
Papier, bois & minéraux (PapMin)	+0.597	+1.109
Textile & habillement (TexHab)	-0.704	-0.469
Chimie & parachimie (ChiPar)	+0.597	+0.607
Services industriels (SerInd)	+2.219	-1.247
Agro-alimentaire (AgrAli)	-0.473	-0.029

Coordonnées des points attributs (types de technologie) :

	Axe 1	Axe 2
Technologie intensive en main-d'oeuvre		
- qualification simple (Type-1)	-0.704	-0.422
- qualification élevée (Type-3)	+1.177	-0.429
Technologie intensive en capital		
- qualification simple (Type-2)	-0.495	+0.166
- qualification élevée (Type-4)	+0.175	+0.827
Autre technologie (Type-5)	+0.021	+0.001

2. *Cf.* Représentation graphique (*Figure 5*).

FIGURE 5

Technologie importée dans les branches industrielles.

Graphique expliquant 88.52 % de la variance

Axe 1 expliquant 57.47 %
Axe 2 expliquant 31.05 %

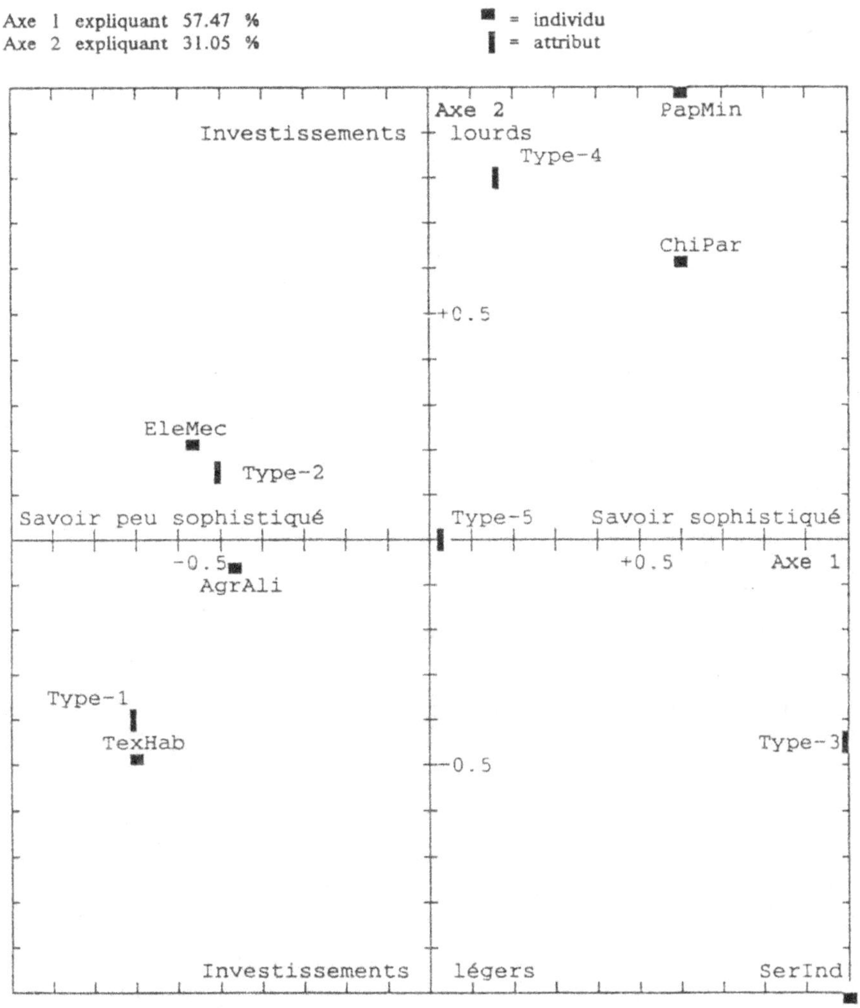

Ce qui précède ne permet pas pour autant de valider les hypothèses formulées sur les inputs. En effet, non seulement l'inertie des deux premiers axes[3] est en-dessous de nos ambitions (88% d'explication conjointe de la variance au lieu de 95 à 100%), il faudrait encore vérifier les rapports avec la complexité technologique, le mode relationnel institué par les partenaires et le coût des projets. Nous aurons l'occasion d'y revenir.

En orientant l'analyse vers les catégories d'émetteurs privilégiés dans les branches, on constate une prédominance des constructeurs d'unités de production (*installateurs industriels*), qui représentent ainsi 29% des émetteurs, suivis par les agents globalisants (*ensembliers industriels*), simultanément livreurs d'installations et détenteurs de connaissances à haute technicité (25%), et par les fournisseurs d'équipements (21%). Les installateurs industriels sont surtout présents dans la «construction électrique, métallique & mécanique», l'«agro-alimentaire» et le «textile & habillement».

Si les fabricants d'équipements ne sont pas rares dans ces mêmes branches, ils sont, en revanche, inexistants dans les «services industriels» où les détenteurs de procédés et savoir-faire demeurent privilégiés. On note cependant un faible nombre d'émetteurs cédant exclusivement les licences et brevets (8% dans l'ensemble des branches) et une certaine concentration des ensembliers industriels dans la «chimie & parachimie» et le secteur «papier, bois & minéraux non métalliques».

Le constat précédent n'est pas démenti par l'observation des types de projets adoptés. Le *montage des machines ou équipements* et la transmission de leur savoir-faire d'usage constituent la modalité privilégiée dans le «textile & habillement» (2/3 des projets de ce type). Par contre, les *projets industriels* portant sur la livraison d'une unité de production (sans connaissances couvertes par un droit de propriété) se répartissent plus équitablement dans toutes les branches, à l'exception des «services industriels» où ils sont absents. Ce

---

3. Rappelons que la *figure 5* représente les facteurs expliquant le maximum de variance (88.52 %), l'inertie peu contributive (11.48%) étant négligée.

dernier secteur ne connaît, à juste titre, que les *prestations à contenu immatériel* (octroi de licences et cession de procédés); alors que les *projets industriels combinés* (ensembles industriels associant installations techniques et procédés secrets) sont adoptés dans la «chimie & parachimie» (deux projets sur trois), le secteur «papier, bois & minéraux non métalliques» (un projet sur deux) et l'«agro-alimentaire» (un projet sur trois).

Tout compte fait, les difficultés d'absorption technologique semblent ressortir avec acuité dans la «chimie & parachimie» (2/3 des cas de la branche), le secteur «papier, bois & minéraux non métalliques» et la «construction électrique, métallique & mécanique». Seuls le «textile & habillement», confronté néanmoins à des problèmes de rentabilité, et les «services industriels», utilisateurs de la main-d'oeuvre expatriée, affichent des situations moins problématiques sur le plan strictement technique.

Ce qui donne déjà un premier signe de l'inadéquation technologique dans les branches industrielles camerounaises. Mais une telle indication serait insuffisante si on n'y ajoute le diagnostic par types d'entreprises.

1.2 Situation par types d'entreprises.

Quels sont les résultats des transferts technologiques selon les types d'entreprises ? Est-ce l'entreprise publique, l'entreprise parapublique (mixte) ou l'entreprise privée qui essuie la majorité des déceptions ? Quelles sont les raisons des échecs enregistrés ? L'association en *joint venture* constitue-t-elle un gage de bon fonctionnement des unités technologiques ?

Les données recueillies ne manquent pas d'intérêt à ce sujet. Tout d'abord, l'enquête révèle globalement la structure particulière des entreprises industrielles camerounaises, importatrices de technologie : 30% de sociétés à capitaux entièrement publics, 50% de sociétés simultanément à participations étrangère et étatique, le reste étant constitué de sociétés à capitaux locaux privés. Bien que ces chiffres ne représentent qu'un ordre de grandeur, ils dénoncent la faiblesse des relations technologiques entre le secteur privé national et l'extérieur.

L'Etat intervient surtout dans les secteurs où il prend en charge les projets de valorisation des matières premières. Si les critères de «rentabilité nationale» y sont prépondérants, la gestion quotidienne paraît peu encourageante. Certes, nous avons vu que les entreprises à participation étatique sont généralement considérées comme un moyen de réalisation des buts d'ordre socio-économique, voire socio-politique[4]. Mais lorsqu'elles ont tendance à ne demeurer que cela, leur capacité à fonctionner de manière performante et à assurer leur pérennité paraît compromise.

Indépendamment de l'approche visant à transformer les produits de base, la stratégie d'industrialisation la plus courante a été celle de la substitution des importations, qu'il s'agisse d'une intention explicite (plans quinquennaux de développement) ou d'une conséquence de mesures protectionnistes (restrictions douanières), privilégiant certaines industries à capitaux publics ou privés. Près de 80% des entreprises de l'échantillon, dont la création répondait à l'application de cette stratégie, ont des installations techniques intensives en capital. On peut donc conclure que les décideurs favorisent les gros investissements au détriment de l'attention nécessaire par rapport aux critères de faisabilité techno-économique.

Il en résulte une sous-utilisation des capacités (environ 70% des cas), de piètres résultats en matière de productivité, et, partant, des coûts d'exploitation élevés. Ce manque de performances est particulièrement visible dans le secteur public, qui avait réussi jusque-là à occuper des effectifs nombreux et à employer au sommet des entreprises des administrateurs détachés de la Fonction publique.

Les 15 échecs identifiés se répartissent ainsi : 5 dans les entreprises publiques, 3 dans les entreprises privées et 7 dans les entreprises parapubliques. Rapportés à la masse des projets réalisés, on constate que 71% des transferts technologiques dans le secteur strictement public, 70% dans le secteur parapublic et 43% dans le secteur privé ne peuvent être considérés comme des cas de réussite.

---

4. *Cf.* Chapitre I : *L'environnement général.*

FIGURE 6
Projets de transfert technologique selon les types d'entreprises.

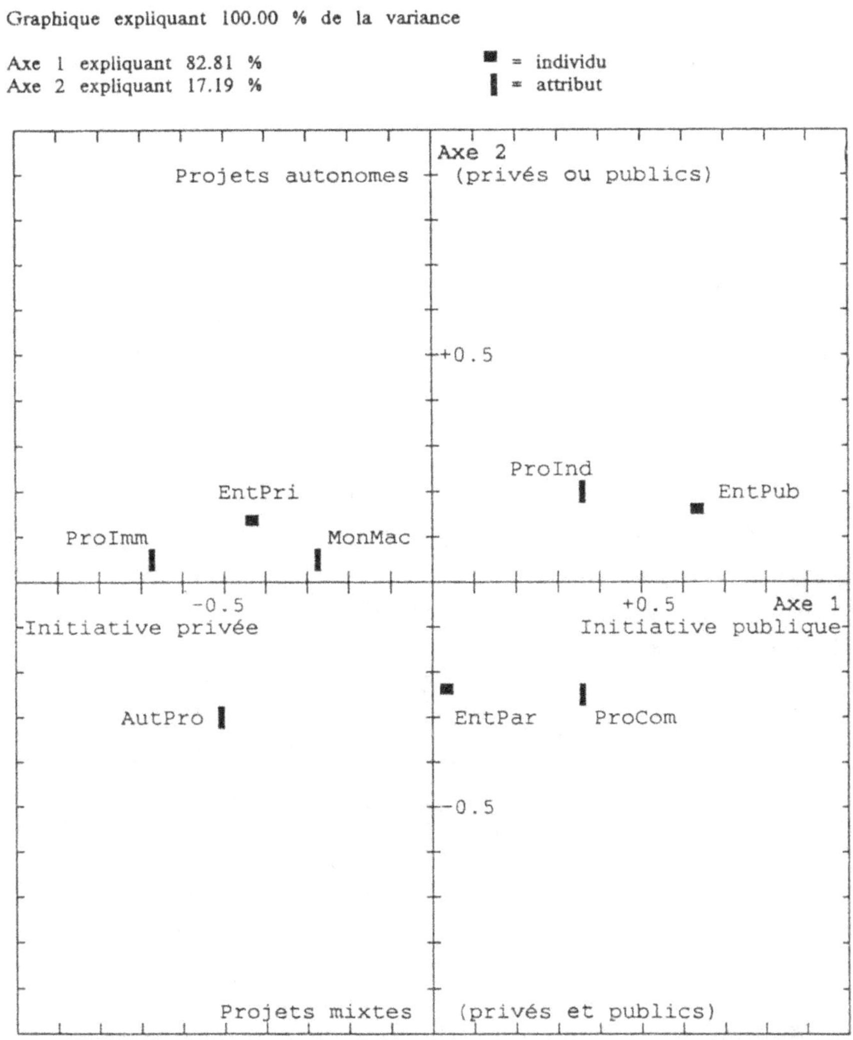

Résultats de l'AFC sur la base d'un tableau de contingence croisant les types de projets et les types d'entreprises[5].

Coordonnées des points individus (types d'entreprises) :

	Axe 1	Axe 2
Entreprise privée (EntPri)	-0.433	+0.138
Entreprise publique (EntPub)	+0.624	+0.154
Entreprise parapublique (EntPar)	+0.017	-0.241

Coordonnées des points attributs (types de projets) :

	Axe 1	Axe 2
Montage des machines (MonMac)	-0.261	+0.078
Apport immatériel (ProImm)	-0.691	+0.064
Projet industriel combiné (ProCom)	+0.352	-0.247
Projet industriel simple (ProInd)	+0.363	+0.196
Autre type de projet (AutPro)	-0.508	-0.275

Les difficultés d'absorption des flux technologiques apparaissent de façon moins aiguë dans le dernier secteur, de même que les problèmes d'organisation et de mise en oeuvre des projets. Ce qui s'explique vraisemblablement par la taille et la complexité réduites des opérations privées. En effet, non seulement les entreprises publiques et parapubliques sont grandes ou moyennes, mais près de 70% des opérations de transfert technologique dans les deux secteurs correspondent à des projets industriels ou combinés contre 1/3 dans le secteur privé.

L'AFC traduit mieux cette tendance (*Figure 6*). Le premier axe factoriel, expliquant 82.8% de la variance, oppose l'initiative privée à l'initiative publique; tandis que le deuxième axe, contribuant à l'explication pour 17.2% d'inertie, oppose les projets de type mixte (privés et publics) aux projets autonomes (privés ou publics). On remarquera la *proximité* entre l'initiative publique et les projets industriels,

5. *Cf.* Représentation graphique (*Figure 6*).

puis, entre l'initiative exclusivement privée et le montage des machines ou équipements, et, enfin, l'orientation des associations conjointes, publiques et privées, vers les projets combinant les installations techniques et les procédés sophistiqués (projets combinés).

Cela n'est guère étonnant, compte tenu du fait que les projets à participation publique se trouvent concentrés dans les secteurs «papier, bois & minéraux non métalliques», «chimie & parachimie» et «agro-alimentaire», où les investissements concernent l'acquisition de gros «paquets technologiques».

En portant le regard sur les choix technologiques, les choses brillent davantage par leur clarté : les inputs susceptibles d'induire une faible qualification de la main-d'oeuvre restent l'apanage du secteur exclusivement privé (2/3 des cas), alors que les inputs à haute qualification professionnelle et à forte intensité capitalistique sont surtout sélectionnés dans les secteurs mixte et public (4 cas sur 5). Ce qui finit par établir une relation entre le nombre élevé d'insuccès dans ces deux derniers secteurs et la technologie importée.

Evidemment, le coût des contrats est jugé par les entreprises «très élevé» (investissement supérieur à 2x le chiffre d'affaires moyen dans 60% des projets) ou «assez élevé» (investissement entre 1x et 1.5x le chiffre d'affaires moyen dans 33% des projets). Toutefois, cela ne signifie pas qu'il existe des transferts altruistes dans le secteur non public, puisque 50% des sociétés privées reconnaissent le coût «assez élevé» des contrats.

Ces résultats montrent en définitive que les contraintes affectent tous les trois secteurs, même si elles sont plus nombreuses dans les entreprises publiques et parapubliques. En réalité, les montants engagés par ces dernières sont plus importants que dans l'autre cas. Le problème n'est plus alors de savoir si la participation étatique nuit *a priori* aux projets de transfert technologique, mais plutôt d'étudier les causes des dysfonctionnements. D'une part, au stade actuel, l'industrialisation paraît difficilement envisageable au Cameroun en l'absence d'investissements publics. D'autre part, on aurait tort de se laisser obnubiler par les obstacles rencontrés. Les rapprochements avec d'autres pays comparables ne semblent-ils pas indiquer que l'*Etat-parrain*, ici, n'est pas parmi les plus déraisonnables[6] ?

Bien que les répercussions d'erreurs y soient, comme dans la plupart des PED où beaucoup est encore à faire[7], parfois cruelles, l'essentiel est d'examiner les modalités de l'intervention étatique et de remédier aux carences révélées par l'expérience. De surcroît, les résultats décevants des projets entrepris ne sont pas simplement dus à la mauvaise volonté des acteurs. Nous verrons qu'ils tiennent surtout à l'exclusion des critères globaux d'appréciation face à une réalité contraignante par définition.

2. Analyse des prestations.

Après avoir présenté la situation générale selon les caractéristiques principales des firmes, il convient désormais d'analyser les mécanismes de transfert technologique de manière plus approfondie.

2.1 Les inputs technologiques.

A partir de la grille d'analyse des inputs technologiques[8], un certain nombre d'hypothèses ont été formulées sur la différenciation des modalités de transfert; l'objet des lignes qui suivent est de qualifier cette différenciation.

Les résultats de l'enquête permettent un regroupement des inputs technologiques en cinq catégories, parmi lesquelles

---

6. *CEPI*, Genève, Décembre 1986; J. GIRI, *L'Afrique en panne : vingt-cinq ans de «développement»*, *op. cit.*, pp. 93-100; BANQUE MONDIALE, *Rapport sur le développement mondial 1986*, *op. cit.*, pp. 201-258; *MOCI*, «50 pays au crible», No 745/5, Janvier 1987, pp. 21 et suiv.; A. BRESSAND, «Les relations Nord-Sud», in *Encyclopædia Universalis : Symposium - Les enjeux*, Paris, 1988, p. 942.

7. Il faut d'ailleurs noter que l'examen des seuls taux de croissance n'est guère déterminant, dans la mesure où un rythme d'accroissement de 7 % l'an du PIB est insuffisant sur le front du développement industriel; ce sont plutôt des «taux de reconstruction» qui sont nécessaires, comme en Europe au lendemain de la deuxième Guerre mondiale.

8. *Cf.* Chapitre IV : *Méthodologie de la recherche.* Voir aussi : A. BOUTAT, *Les transferts internationaux de technologie comme instrument de développement industriel*, *op. cit.*, p. 226.

on retrouve les quatre types (*Tableau 9*) déjà mis en évidence[9] : dans 7 cas sur 24, la technologie importée correspond aux inputs intensifs en main-d'oeuvre, requérant une simple qualification du personnel (type I); 8 cas constituent des flux intensifs en capital, mais sollicitant une proportion importante d'ouvriers peu qualifiés (type II); 2 cas ne font pas significativement appel aux biens d'équipement, tout en suggérant une haute qualification du personnel employé (type III); la technologie intensive en capital requiert parallèlement une technicité élevée des collaborateurs dans 5 cas (type IV); enfin, 2 cas n'ont pu être rangés dans l'une ou l'autre de ces catégories, soit parce que l'intensité factorielle n'était pas nettement perceptible, soit parce que l'information préliminaire semblait peu crédible après la visite et l'observation sur le terrain des processus de production.

La répartition de ces types de technologie par partenaires prépondérants ne diffère pas fondamentalement des modes de transfert rencontrés dans d'autres PED[10]. Dans le type I, 5 projets sur 7 ont été confiés, soit à un fabricant de machines, soit à une firme d'ingénierie qualifiée dans le montage des équipements et le recyclage des opérateurs. Pour le type II, les spécialistes de projets industriels sont intervenus dans 6 cas sur 8 et les ensembliers[11] dans 1 cas. Cette dernière famille d'émetteurs a, en outre, livré la totalité des flux technologiques importés de type IV (5 cas). La technologie de type III (2 cas) reste cependant le domaine de prédilection des «licencieurs» et détenteurs de procédés.

Il apparaît finalement que les machines et équipements techniques ne nécessitant pas un savoir-faire d'usage élevé sont essentiellement fournis et montés par leurs vendeurs. La technologie autorisant les opérations de construction d'une unsine, de démarrage, de formation du personnel aux tâches de routine de la fabrication... fait intervenir des installateurs industriels.

---

9. *Cf.* Chapitre V : «*1.1 Situation par branches industrielles*».

10. Voir à ce sujet : Ph. LASSERRE, S.-J. YONG, «La modalité de l'acquisition de technologie dans les entreprises des pays en développement», *op. cit.*, pp. 85-95.

11. Il s'agit de fournisseurs d'installations techniques et de procédés couverts par un droit de propriété industrielle.

Quand le processus de production envisagé requiert un personnel de haute technicité, l'usine installée est associée, en aval, à des connaissances techniques, savoir-faire et procédés souvent protégés, fournis par un partenaire globalisant susceptible de réunir toutes les capacités nécessaires. En revanche, les flux essentiellement immatériels, impliquant des informations à forte teneur technologique, sont transmis par leurs détenteurs sous la forme de licences.

Les 2 cas non vérifiés concernent les inputs technologiques inclassables dans le cadre de notre typologie, ceux dont les renseignements rassemblés paraissaient contradictoires.

De pareilles indications vont dans le sens du premier groupe d'hypothèses[12], à savoir que les inputs technologiques moins complexes se transfèrent dans le sillage des machines et équipements (y compris le savoir-faire d'usage), selon le mode fournisseur-récepteur; les inputs plus complexes par projets industriels et ensembles industriels, se distinguant par une ample architecture contractuelle, juridique et technique.

Reconnaissons néanmoins que la technologie de type III invite à la prudence et se prête moins à des généralisations, même si les cas observés n'infirment guère ce qui a été avancé. Non seulement ils ne concernent que les contrats de licences, mais les prestations à contenu immatériel sont le plus souvent variées dans les PED et font intervenir, en plus des traditionnelles cessions de droits sur l'utilisation des procédés, d'autres opérations de transfert (assistance technique, services technologiques autour de la production...) qui n'apparaissent pas, ici, de manière indépendante. Lorsque ces prestations existent, leur contenu se trouve associé aux installations techniques en un seul «paquet technologique» (Type IV).

Peut-être faut-il y voir un engouement des acteurs de transfert pour les projets industriels, incorporant une technologie intensive en capital (12 cas sur 13) et le peu de faveur accordé aux prestations à contenu exclusivement immatériel. Quoi qu'il en soit, le coût des contrats est jugé «assez élevé» et «très élevé» dans les 12 cas. La surprise vient plutôt du côté de la technologie de Type I, au sujet de laquelle,

12. *Cf.* Chapitre IV : «*3. Hypothèses de la recherche*».

contrairement à ce qui a été formulé au départ, 4 récepteurs sur 7 considèrent le coût des machines et équipements acquis «assez élevé» (investissement compris entre 1.5x et 2x le chiffre d'affaires moyen).

TABLEAU 9
Types de technologie transférés.

BIENS DE CAPITAL QUALIFICATION EN MAIN-D'OEUVRE	Technologie intensive en main-d'oeuvre	Technologie intensive en capital
Technologie nécessitant une simple qualification de la main-d'oeuvre	TYPE I 7	TYPE II 8
Technologie nécessitant une haute qualification de la main-d'oeuvre	TYPE III 2	TYPE IV 5

En croisant les résultats des projets mis en oeuvre avec les inputs technologiques, on remarque que, proportionnellement, les échecs les plus importants résident là où la technologie fait simultanément appel à une haute qualification de la main-d'oeuvre et à des équipements sophistiqués. S'il y a 3 échecs sur 7 cas pour le type I, à technologie simple; le type II, impliquant les projets industriels à technologie intensive en capital et à faible qualification de main-d'oeuvre, en compte 6 sur 8 cas; et l'on n'enregistre aucun succès dans le type IV.

La *figure* 7 montre d'ailleurs qu'en parcourant l'axe 1, expliquant 77.86% de la variance, les inputs technologiques dont le transfert s'effectue dans le cadre d'un ensemble industriel, se trouvent opposés aux inputs «dépaquetés» (machines, savoir-faire, procédés...) : cet axe représente vraisemblablement la taille des projets. L'axe 2 semble, en revanche, établir une certaine hiérarchie des inputs : il exprime sans doute la complexité technologique. Du type I, celle-ci s'élève jusqu'au type IV dans le même sens que l'intensité des échecs enregistrés. Ce qui ne nous laisse pas indifférents puisque nous avons soutenu que la complexité technologique varie significativement en fonction des types d'apports et qu'elle tend à être maîtrisée là où la capacité technique des agents parvient à s'adapter à la variété des contraintes induites.

Résultats de l'AFC sur la base d'un tableau de contingence croisant les types de technologie et les résultats enregistrés[13].

Coordonnées des points individus (types de technologie) :

	Axe 1	Axe 2
Technologie intensive en main-d'oeuvre		
- qualification simple (Type-1)	-0.496	-0.392
- qualification élevée (Type-3)	-0.343	+0.179
Technologie intensive en capital		
- qualification simple (Type-2)	+0.000	+0.000
- qualification élevée (Type-4)	+0.359	+0.464
Autre technologie (Type-5)	+2.555	-0.686

Coordonnées des points attributs (résultats obtenus) :

	Axe 1	Axe 2
Réussite du projet (Succès)	-0.495	-0.505
Echec du projet (Echecs)	+0.117	+0.247
Sans réponse (Sanrép)	-1.576	+0.226

13. *Cf.* Représentation graphique (*Figure 7*).

FIGURE 7

Résultats obtenus selon les types de technologie.

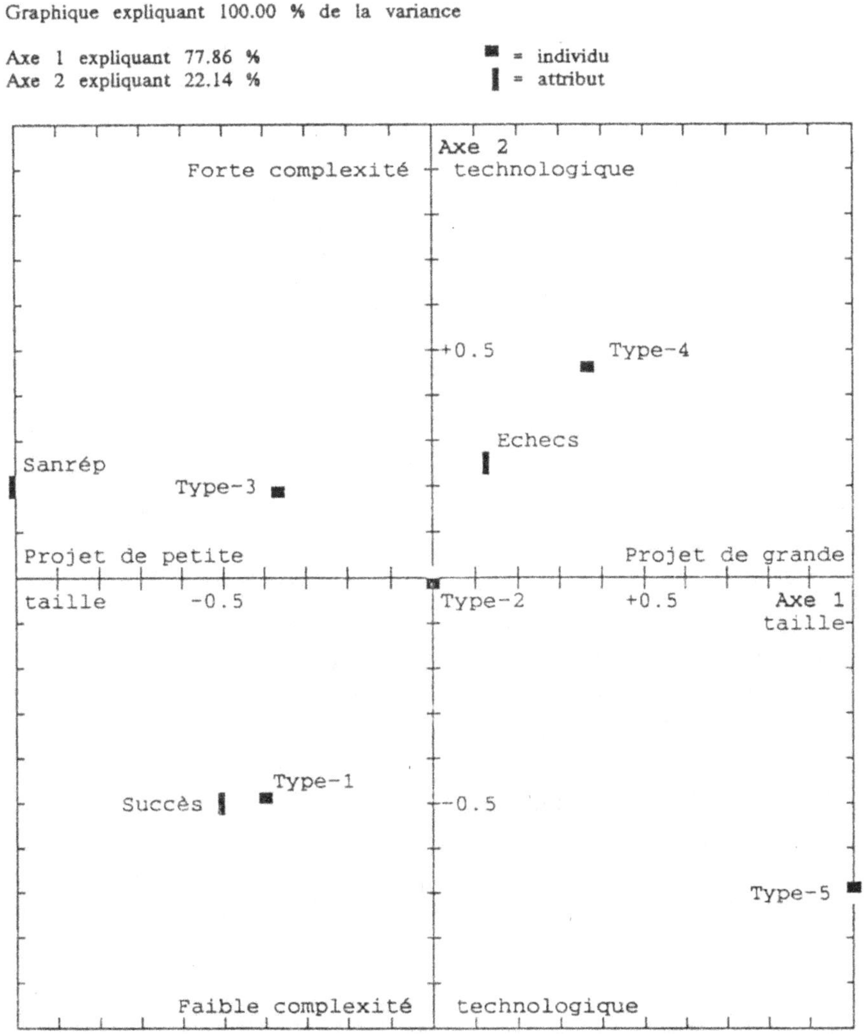

Il apparaît ainsi que les inputs I_{11}, composés d'apports de type I, entretiennent une complexité moins élevée que les inputs au voisinage de I_{22}. Ces derniers, à leur tour, sont moins complexes que ceux qui font intervenir des connaissances techniques et savoir-faire impliquant une haute qualification du personnel (inputs gravitant autour de I_{33}). Quand ces deux types d'apports se trouvent combinés dans un même projet (projet industriel combiné), ils introduisent une complexité encore plus forte (inputs dans le sillage de I_{44}). Il semble, dès lors, qu'il y a progression de l'insuccès à mesure que l'on s'élève sur l'axe 2 du graphique d'analyse factorielle des correspondances.

Nous sommes finalement en situation d'admettre que, relative à la nature des biens de capital et à la qualité de la main-d'oeuvre requise, la complexité technologique augmente avec la taille des projets; ce lien étant surtout sensible dans les opérations où interviennent conjointement les flux intensifs en capital et les flux de connaissances induisant une haute qualité de travail (type IV). D'où une maîtrise technologique plus problématique. Autrement dit, lorsque la technicité des opérateurs est insuffisante, l'insuccès des transferts a tendance à se révéler fonction croissante de la complexité technologique et de la taille des projets.

Dans l'ensemble, seuls les projets recourant à des inputs intensifs en capital, mais requérant parallèlement une faible qualification de la main-d'oeuvre, semblent établir un équilibre entre, d'une part, la taille des projets, et, d'autre part, la complexité technologique. Grâce à l'AFC, nous pouvons encore remarquer qu'ils se situent à l'origine du système d'axes factoriels et correspondent ainsi, comme nous l'avons formulé en guise d'hypothèse, aux inputs à moyenne complexité, transmis dans le cadre de projets moins imposants que ceux incorporant la technologie de type IV, mais de taille, en revanche, plus grande que les projets faisant place à la technologie de type I ou de type III.

Le pas qu'il ne faut pas franchir reviendrait à conclure que les types de technologie I et III sont les plus favorables sur le plan des résultats. Nous éviterons la précipitation... Notons simplement qu'ici, ce sont les projets de petite taille, à faible complexité, recourant à la technologie de type I, qui enregistrent des résultats moins médiocres. S'il en est ainsi, la conclusion à tirer consisterait à avancer que les risques d'échec se trouvent atténués lorsque l'on adopte des projets de moindre taille, sollicitant des inputs technologiques à complexité peu élevée.

2.2 Modes de transfert et motivations des partenaires.

Selon la nature du commanditaire, quels types de projets se trouvent privilégiés ? Quelles voies de transfert technologique sont adoptées selon l'origine des investissements ? L'Etat intervient-il indépendamment du contenu des projets mis en oeuvre ? Quels sont les motifs stratégiques des partenaires ?

A défaut de réponses définitives, l'analyse des résultats de l'enquête livre quelques indications à ce sujet. Tout d'abord, nous constatons que 12 projets sur les 13 ayant abouti à l'implantation d'une unité de production sont le fait, soit de l'Etat, soit conjointement des firmes étrangères et de l'Etat. Parmi ceux-ci, 7 constituent des installations techniques sans cession de droits et 5 des projets combinés, dont nous avons déjà signalé le manque de réussite. A l'inverse, les privés nationaux privilégient les projets plus simples de montage des équipements (4 cas sur 5) par rapport aux ensembles industriels requérant davantage de capitaux (1 cas seulement). C'est là sans doute que réside le point de départ de l'explication du moindre taux de complications enregistré par cette dernière catégorie de commanditaires (3 échecs au total).

En somme, la «camerounisation» extra-publique qui a pu concerner l'industrie durant la dernière décennie, semble, à première vue, n'avoir intéressé que les branches posant le moins de problèmes techno-économiques. S'il est loisible de concéder que l'on ne construit pas nécessairement une industrie internationalement compétitive à coups d'achats de machines et équipements, cela n'empêche pas de reconnaître que la faible complexité technologique caractérisant le savoir-faire et les instruments de travail utilisés à ce titre, favorise un processus d'apprentissage plus continu que dans les autres situations, où l'on a généralement posé le problème de «décollage» en termes de production accrue.

Il en résulte que, dans un cas, les choix peuvent pécher par manque d'ambitions, entretenant des investissements à faible économie d'échelle et à finalité étroitement circonscrite; dans l'autre, ils sont solennels, mais se traduisent par l'adoption de projets industriels et combinés comme modalités principales. Là, les mobiles de rentabilité financière sont prépondérants; ici, l'emploi de la main-d'oeuvre locale quel que soit son niveau de départ, le désir d'acquérir plus rapidement, pour des raisons aussi bien économiques que socio-politiques, une industrie efficace, contribuent à la «commande» de grands ensembles susceptibles d'entraîner par leur effet de concentration des répercussions diverses (services liés, infrastructures...).

Selon l'origine des investissements, deux voies traditionnelles[14] sont utilisées :

- la voie directe par laquelle le partenaire étranger intervient ponctuellement à la demande d'un promoteur domicilié au Cameroun (Etat ou privé), en limitant ses prestations à la fourniture des flux technologiques désirés au cours d'un horizon temporel fixé contractuellement;
- la voie indirecte selon laquelle l'émetteur joue un rôle de premier plan, non seulement dans la mise à disposition de l'unité technologique envisagée, mais aussi lors de son exploitation. La forme courante est celle de l'association entre la firme étrangère, l'Etat camerounais et/ou des industriels privés.

Si la première voie (50% des projets) rencontre plus de difficultés (8 cas d'échec sur 15), cela ne signifie pas pour autant que les firmes à participation étrangère, en l'occurrence occidentale, sont épargnées : 7 de ces 12 entreprises connaissent des problèmes de surcapacité productive. Ce qui tend à montrer que, même lorsque les émetteurs interviennent de manière prépondérante en amont des projets de transfert, dès

---

14. A. BOUTAT, «Modalités et effets du transfert technologique par les firmes multinationales : l'évolution du contexte dans les pays en développement», *op. cit.*, p. 818.

le stade de la conception à l'implantation des unités technologiques, et apportent, en sus des capitaux, leur compétence technique et le soutien logistique, les résultats ne sont pas toujours à la hauteur des ambitions initiales.

Plus encore, le fonctionnement satisfaisant de certaines d'entre elles (5 cas) ne garantit pas invariablement la rentabilité des opérations. Deux membres expatriés d'entreprises mixtes avouent d'ailleurs que c'est par rapport à une rentabilité indirecte (probablement sur les prestations connexes) qu'il faudrait chercher les raisons du maintien de leurs activités depuis la modification des conditions économiques globales. Mais les difficultés rencontrées par ces dernières semblent davantage liées à la dépression du marché qu'à un dysfonctionnement caractérisé.

Pour les entreprises réceptrices, une étape critique ne réside pas moins dans la recherche du partenaire adéquat. Au Cameroun où il n'existe pas encore de tradition industrielle solidement implantée, les investisseurs privés sont, d'après 30% des émetteurs interviewés, plus commerçants qu'entrepreneurs. L'enquête révèle pourtant que les critères de sélection prenant faveur dans cette catégorie de commanditaires s'articulent autour de la notoriété internationale du partenaire étranger, sa bonne situation financière et son expérience en matière de transfert technologique.

Bien que les deux premiers critères soient également mis en avant par les décideurs dans le cas des opérations à participation étatique, il faut noter que les projets industriels et combinés font intervenir massivement des négociations multilatérales, influençables par divers facteurs d'ordre financier et de politique internationale. Il s'agit notamment des projets où l'octroi d'un crédit garanti ou d'une aide par un pays étranger entraîne la sélection d'émetteurs qui y sont originaires.

On aurait cependant attendu que le choix des partenaires, en tant que partie intégrante d'une démarche stratégique, se fasse après une analyse concrète de leurs forces et faiblesses, ainsi que des opportunités et contraintes de l'environnement général, en vue de déterminer lequel des agents de transfert technologique pourrait mieux répondre aux besoins et anticiper les perturbations éventuelles. Or, nous constatons que cette démarche n'est pas la plus exploitée.

A supposer que l'analyse aboutissant au choix des partenaires ne soit indispensable parce que, imaginerait-on, l'origine des émetteurs assure leur compétence, il serait toutefois nécessaire qu'au cours de la négociation émerge une meilleure connaissance réciproque. Hélas ! l'étude du processus de négociation révèle une tendance inverse. Si la durée des pourparlers se situe entre 1 et 4 ans, la place centrale donnée, pendant cette période, aux questions financières et clauses restrictives se fait au détriment de celles relatives aux capacités d'émission et d'absorption des flux technologiques dans le milieu récepteur, comme si le contexte et les capacités en question étaient neutres.

L'une de nos propositions consistant à dire qu'une meilleure coopération des acteurs est fonction de la compatibilité des stratégies respectives[15], il convient de considérer cette compatibilité comme une expression simultanée des mobiles initiaux ou des motivations en présence. De tels facteurs constituent des «mouvements stratégiques» au sens de Thomas Schelling, c'est-à-dire «ceux qui influencent le choix d'autrui d'une manière favorable à soi-même, par la modification des attentes d'autrui concernant la manière dont on va soi-même se comporter»[16].

Du côté des entreprises émettrices, les motivations de type *réactif*, venant en réponse à une menace de perte de marché ou à des avantages comparatifs au Cameroun, ont un poids de 23%. Les motivations de type *attentiste*, résultant de situations exceptionnelles à profit immédiat comme les accords entre Etats ou la «capture» occasionnelle d'un marché dans un pays jadis au bénéfice de garanties internationales (réserves financières, rente pétrolière, prêts et aides liés...), représentent 59% des cas; tandis que les motivations de type *volontariste*, fondées sur des aspects concurrentiels et des

---

15. Voir les risques qu'entraîne la situation inverse chez Philippe LASSERRE; *in* «Transferts de technologie : des mariages difficiles», *Revue Française de Gestion*, No 30, Mars-Avril 1981, pp. 97-103.

16. T. SCHELLING, *The strategy of conflict*, Harvard University Press, Cambridge (Mass.), 1960, p. 60.

perspectives de relations à long terme entre agents de transfert technologique, concernent 18% des projets.

TABLEAU 10
Mobiles initiaux des acteurs de transfert.

MOBILES DES RECEPTEURS	
Mobiles de type *réactif* (10 cas)	
- couverture du marché local protégé	7
- profiter à échéance sur les coûts bas	3
Mobiles de type *attentiste* (5 cas)	
- incitations publiques à la création d'entreprises	3
- recherche d'un émetteur importateur des produits	2
Mobiles de type *volontariste* (9 cas)	
- formation du personnel à la maîtrise technologique	5
- création de carrières et d'emplois industriels	4
TOTAL	24
MOBILES DES EMETTEURS	
Mobiles de type *réactif* (5 cas)	
- profiter des restrictions d'importations	3
- bénéficier d'avantages comparatifs	2
Mobiles de type *attentiste* (13 cas)	
- réponse expresse à une demande contractuelle	3
- accords entre Etats d'origine et aides liés	8
- activités en aval des prestations antérieures	2
Mobiles de type *volontariste* (4 cas)	
- perspectives de relations à long terme	3
- exploiter un avantage technologique adapté	1
TOTAL	22

Ces résultats semblent contredire l'hypothèse de départ qui prévoyait une prédominance des motivations de type *volontariste* quant aux ensembles industriels, au détriment du critère d'«opportunité». Une pareille situation a pourtant des implications particulières, notamment le manque de relations suivies et une discontinuité des rapports préjudiciables aux opérations de grande envergure. Doit-on y voir une incompatibilité entre le contexte récepteur et les préoccupations des firmes étrangères dans leur tentative de minimiser les facteurs contraignants inhérents à des exploitations à risques ? S'agit-il d'orientations inconciliables, tant des pouvoirs publics que des partenaires étrangers, pour la promotion de véritables relations multiformes et durables ?

Une première explication de cette prépondérance des mobiles reposant sur une rentabilité ponctuelle devrait résider dans le caractère récent des modes plus soutenus de coopération technologique et industrielle (CTI), dans lesquels le «profit immédiat» n'est pas le déterminant majeur des transactions[17]. A cela peut-on ajouter l'incertitude des investissements élevés en biens de capital et l'aspect ardu des opérations (longueur des démarches, cheminement tortueux des dossiers, réajustements parfois considérables en phase d'exploitation effective...).

Du côté des entreprises réceptrices, les motivations prioritairement signalées (*Tableau 10*) se répartissent entre la couverture des besoins du marché national protégé, l'exportation de la production à l'étranger, la création d'emplois, l'utilisation des avantages comparatifs en termes de coûts de production, la formation du personnel à la maîtrise technologique et l'opportunité de créer pour la première fois une entreprise industrielle.

Les trois premiers types de motivations adhèrent à notre deuxième groupe de propositions[18]. Elles reflètent, somme toute, le caractère habituel des prérogatives camerounaises en matière d'investissements industriels, caractère signalé au

---

17. Voir notamment : A. BOUTAT, «La coopération technologique et industrielle : une voie non négligeable de transfert international de technologie», *op. cit.*, pp 221-225.

18. *Cf.* Chapitre IV : «*3. Hypothèses de la recherche*».

cours de la présentation de l'environnement général. On remarquera, à cet égard, la forte proportion des motivations de type *réactif*, telle la couverture du marché local protégé (7 cas sur 24).

Le croisement des mobiles initiaux et des profils des partenaires confirme le constat précédent : les associations à long terme en vue d'un renforcement mutuel des acteurs sont minoritaires dans les «mouvements stratégiques»[19] avoués par les intéressés. Quatre cas seulement épousent les contours se référant simultanément aux motivations de type *volontariste* chez l'une et l'autre des parties en présence.

On peut alors imaginer que les récepteurs, dans leur désir d'acquérir la technologie étrangère, se satisfont d'emblée de situations s'insérant dans la configuration des mobiles initiaux des émetteurs, ou encore, donnent la préférence à des firmes bénéficiant des garanties de leurs Etats d'origine, par surcroît pourvoyeurs de capitaux. L'écueil survient lorsque le pouvoir de négociation est amoindri du fait d'une insuffisance de l'information sur les sources technologiques alternatives et des ressources propres, les considérations politiques et financières conditionnant massivement la collaboration avec les partenaires étrangers, indépendamment de leurs qualités intrinsèques.

Ce phénomène est nettement perceptible lors de la mise en oeuvre des projets d'intérêt national, requérant de lourds investissements, dans le cadre desquels les sûretés à apporter se définissent au travers de négociations inter-étatiques, que l'émetteur intervienne ou non dans le capital de la firme réceptrice.

Le montage de tels projets témoigne sans doute de la crédibilité dont jouissaient les pouvoirs publics, celle-ci étant fondée sur divers éléments : la capacité d'exercer légalement une contrainte à l'inverse des acteurs privés locaux; le pouvoir d'engager des ressources internes ou externes importantes et d'en supporter les pertes financières, sans crainte de disparaître; la disponibilité des richesses naturelles et de moyens non économiques susceptibles de favoriser la réputation de tenir des engagements en matière de coopération industrielle internationale.

---

19. Au sens de SCHELLING, rappelé *supra*.

L'inconvénient apparaît lorsque les projets complexes qui en découlent, finissent par entretenir des objectifs incompatibles avec l'aptitude du milieu récepteur à en tirer le meilleur parti.

2.3 Préparation et réalisation des projets.

L'examen des données recueillies tend à confirmer nos suppositions, selon lesquelles une partie importante des problèmes de dysfonctionnement trouvent leur origine dans les erreurs de montage et d'évaluation des projets.

Il ressort, par exemple, que 8 projets sur 24 ont fait l'objet de modifications et d'adaptations importantes à la suite de l'analyse de rentabilité et des facteurs environnementaux. Pour 9 projets, une évaluation détaillée a été soumise aux responsables des prises de décision; mais chacun de ces projets n'a été adopté qu'en fonction de ses mérites propres, sans être comparé à d'autres alternatives, et donc, sans qu'un classement des variantes fût établi. Dans 4 cas, les techniques d'analyse dans les premiers stades étaient fragmentaires, les méthodes plus globales n'ont été utilisées que pour l'évaluation du projet de transfert technologique qui a été retenu. L'appréciation de 3 autres projets a été effectuée par une société nationale d'investissement, dès qu'il s'est avéré que les partenaires ayant procédé à l'étude de faisabilité, avaient limité leur analyse économique des performances attendues à l'interprétation des statistiques officielles.

S'il est indéniable que les moyens pour scruter systématiquement le tissu industriel et les possibilités de maîtrise technologique sont souvent rares lorsqu'il s'agit d'une industrie naissante, il est aussi un fait notoire que les études de faisabilité fondées sur une meilleure connaissance du pays récepteur, patientes et itérativement ajustées, réduisent les causes de dysfonctionnement en phase d'exploitation. La précaution de base serait alors d'associer les agents au fait du milieu de transfert technologique à la préparation des projets. Or, l'enquête montre que, seuls, 7 cas sur 24 ont pu bénéficier d'une préparation conjointe amplement informée.

Par ailleurs, les 15 projets jugés non satisfaisants par l'un ou l'autre des partenaires ne relèvent pas tous de l'inadéquation des inputs technologiques. Certains de ces projets tiennent à des facteurs relatifs aux trois niveaux du système interne que nous avons mis en évidence (conceptuel, organisationnel, opérationnel), correspondant aux missions de direction-stratégie, de logistique-support et d'exécution-opération.

Au niveau conceptuel, les erreurs commises portent sur l'absence de justification solide des projets, soit de leur principe (utilité douteuse), soit dans leur définition (formulation approximative). Près de la moitié des unités technologiques entrent dans cette catégorie. Il faut encore noter qu'elles ont été promues par des ensembliers appelés à livrer des usines.

Au niveau organisationnel, d'autres difficultés ont été signalées : dans 4 cas d'insuccès, les contrats de réalisation ne furent pas suivis par des mesures de coordination des différentes interventions. Certaines activités durent ainsi être réexaminées en profondeur à la suite d'un manque de cohérence entre les modules d'exécution. Si le respect des délais demeure néanmoins une contrainte majeure dans la totalité des projets, cela est plus marqué dans l'installation des unités de production et leurs éléments techniques. Sans doute faut-il y voir une qualité déficiente de ce que nous avons qualifié de sous-système d'interaction.

Au niveau opérationnel, l'absence d'acculturation de la part des agents d'exécution n'a pas été étrangère aux carences dans la mise en oeuvre de 3 projets et le recyclage des techniciens. Deux émetteurs interviewés ont certes signalé un absentéisme du personnel qui devait être formé aux nouvelles tâches du processus de production, mais il faut alors être conscient qu'une telle contrainte plonge ses racines dans l'environnement socio-culturel qu'il convient, au préalable, de connaître mieux. A défaut, la capacité d'anticipation se trouve réduite par le manque de savoir-faire dans les rapports sociaux, de connaissance des comportements qu'un calendrier préétabli dans les cabinets d'ingénierie ne suffit guère à suppléer.

Les problèmes de réalisation cités en priorité par les entreprises de l'échantillon se répartissent entre les points suivants : moyens et organisation inadaptés (6 cas); multiplicité des intervenants (5 cas); faible rythme d'absorption technologique (4 cas); capacités douteuses des émetteurs (4 cas); mauvais échelonnement des opérations (3 cas); livraisons irrégulières des composants techniques (2 cas).

En croisant ces difficultés avec les types de projets mis en oeuvre, l'installation des unités de production sans transfert de connaissances protégées collectionne la plus forte proportion des problèmes de réalisation (7 cas sur les 8 recensés), suivie par les projets combinant installations techniques de production et procédés couverts par un droit de propriété industrielle (3 cas sur 5). Les activités ayant rencontré le moins de difficultés se retrouvent dans les opérations de montage des machines et le recyclage du personnel destiné à les utiliser.

Ce qui n'est guère étonnant, dira-t-on, compte tenu de la faible complexité de ces dernières. Cela ne nous contrarie point, mais confirme les propositions provisoirement admises dans notre troisième ensemble d'hypothèses : à l'inverse des projets de taille réduite, la livraison d'installations techno-industrielles, avec ou sans contrat de fourniture des procédés et connaissances à haute technicité, est particulièrement délicate en phase de réalisation. Le mauvais échelonnement des activités de transfert technologique, la multiplicité des interventions et la déficience de l'organisation sont mis en avant par 60% des récepteurs.

De telles contraintes impliquent un changement qui amènerait à mieux analyser les habitudes, les ressources, les motivations, les modes d'organisation, en identifiant les domaines qui peuvent préalablement être modifiés, de part et d'autre, afin de favoriser la mise en oeuvre des opérations retenues.

2.4 Exploitation et résultats obtenus.

Durant l'étape d'exploitation des unités technologiques, l'inexpérience du personnel n'est pas la seule variable en cause. Dans 17 cas sur les 24 étudiés, les intéressés avouent une surestimation du chiffre d'affaires pour les premières années de fonctionnement. Ce phénomène apparaît même dans les entreprises réceptrices dont l'activité s'est révélée *a posteriori* adaptée aux conditions de leurs segments de marché.

TABLEAU 11

Sources d'insatisfaction des transferts technologiques.

PERCEPTIONS DES RECEPTEURS	
Caractéristiques de la technologie (3 cas)	
- utilisation des connaissances, savoir-faire et équipements inadaptés	3
Système interne de transfert (7 cas)	
- mise en oeuvre déficiente du projet	3
- rétention technologique par l'émetteur	2
- capitaux insuffisants et taille du processus	2
Environnement externe (5 cas)	
- pressions externes	1
- faible rentabilité du secteur	2
- problèmes de maintenance	2
TOTAL	15
PERCEPTIONS DES EMETTEURS	
Caractéristiques de la technologie (0 cas)	
Système interne de transfert (3 cas)	
- manque d'aptitude et faible motivation	2
- dysfonctionnement technique «accidentel»	1
Environnement externe (10 cas)	
- changement des conditions économiques	3
- procédures et interventions étatiques	3
- nationalisme culturel	1
- faible rentabilité et pratiques déloyales	3
TOTAL	13

En réalité, de tels écarts ont leur source principale dans une évaluation antérieure de la demande, imperméable aux données sociologiques camerounaises. D'une part, la population qui sert généralement de base à l'étude de marché reste, comme nous l'avons vu[20], dispersée sur un territoire insuffisamment desservi par les réseaux de communication et de commercialisation. D'autre part, il n'existe pas toujours de statistiques permettant de mesurer avec une précision fiable cette demande éparpillée.

De surcroît, le marché développé sur le mode occidental résiste difficilement à la baisse des revenus. Lorsque des mesures douanières restrictives sont prises pour le re-dynamiser, elles ne réussissent parfois qu'à raviver les importations clandestines. Il en résulte que la production industrielle ne s'effectue que sur une petite échelle en dépit du sur-dimensionnement initial des installations techniques.

Prises entre la concurrence internationale et le niveau réduit de la demande intérieure, 15 entreprises réceptrices traversent une crise qui se caractérise notamment par une faible utilisation des capacités de production et des problèmes de financement[21]. Dans 9 cas, les capitaux propres n'atteignent pas 25% des investissements engagés et les prêts de fonctionnement correspondent à des crédits à prime de risque élevée.

S'il y a sur-investissement dans l'acquisition de la technologie incorporée dans les biens de capital, les dossiers semblent, en revanche, sous-estimer les charges liées à la logistique et au fonctionnement des unités de production implantées. Or, le prix de revient des produits offerts dépasse régulièrement les prévisions dans la proportion de 10% à 40% des cas. Faute d'avoir été évalués et couverts par un fonds de roulement approprié, les déficits de démarrage sont ainsi à l'origine de l'étranglement financier durant la période d'exploitation. Il y a non seulement des dépassements de coûts sur les acquisitions initialement programmées, mais

20. *Cf.* Chapitre I : *L'environnement général.*

21. L'une des préoccupations actuelles du gouvernement camerounais consiste d'ailleurs à mettre sur pied des plans de restructuration pour atténuer cette immobilisation du capital dans les principales entreprises industrielles et résoudre les problèmes inhérents à l'insuffisance des fonds propres.

aussi nombre de prestations complémentaires pour améliorer le processus de production.

Surestimation donc du chiffre d'affaires et de la productivité entraînant le choix d'ensembles industriels sur-dimensionnés, sous-estimation des charges et prestations connexes se traduisant par une sous-exploitation des unités technologiques; les résultats ne peuvent que conduire à une rentabilité sans rapport avec ce que laisse espérer l'évaluation économique. Autrement dit, que les projets découlent d'une anticipation du marché futur ou d'une suggestion entretenue par les conditions d'obtention des moyens de financement, le seuil de profitabilité théorique lié à une capacité de production massive reflète rarement les possibilités du marché.

Sur-dimensionnement des projets et sous-évaluation des dépenses d'exploitation ne sont pourtant pas les causes uniques d'insuccès. Il en est d'autres qui jouent assurément. D'une part, il existe très peu d'activités de R-D au niveau des firmes réceptrices (2 cas sur 24) pour assurer la poursuite du savoir de production et l'adaptation technologique aux besoins changeants. D'autre part, divers facteurs endogènes et exogènes au système de transfert proprement dit constituent d'indéniables sources d'insatisfaction.

Les émetteurs reconnaissant plus ou moins explicitement l'exploitation non satisfaisante avancent les causes suivantes (*Tableau 11*) : faible marché et pratiques commerciales déloyales; manque d'aptitudes et de motivation; dysfonctionnement technique qualifié d'«accidentel»; nationalisme culturel se traduisant par des difficultés de communication; changement dans les conditions économiques générales; procédures administratives longues, complexité des circuits de paiements et interventions étatiques.

En revanche, les récepteurs évoquent des raisons telles que : utilisation des informations, savoir-faire, machines et équipements inadaptés; pressions externes; faible rentabilité; problèmes de maintenance et d'assistance technique; mise en oeuvre déficiente du projet; transmission incomplète ou irrégulière des documents et spécifications techniques; capitaux insuffisants et taille inappropriée du processus de production.

On notera qu'aucun émetteur interrogé ne considère ses apports technologiques inadéquats. En réalité, peu d'entreprises avouent spontanément être au courant des écarts survenus après leurs prestations. Durant les entretiens, il a fallu souvent rappeler que leur partenaire camerounais connaissait telle difficulté de fonctionnement ou d'exploitation pour avoir un commentaire à ce sujet. Réciproquement, la tendance est, du côté de certains récepteurs, de faire endosser la responsabilité des dysfonctionnements les plus aigus aux émetteurs étrangers.

S'agissant des 7 cas de réussite techno-économique, les raisons du succès sont attribuées, soit aux mérites de l'une ou l'autre des parties, soit à l'adaptation des techniques véhiculées à la taille des processus de production, soit encore au caractère harmonieux de la coopération entre les agents de transfert technologique et les autorités; ces facteurs étant, du reste, perçus comme des capacités propres à contenir les diverses contraintes des opérations.

De manière générale, les sources d'insatisfaction peuvent être regroupées en contraintes de trois ordres : celles relevant des caractéristiques des inputs technologiques (coefficient d'investissement, intensité de capital, qualité de la main-d'oeuvre induite, complexité...); celles liées aux fonctions internes du système de transfert et s'articulant autour de la conception, de l'organisation et de l'exécution des projets; celles relatives, enfin, aux conditions environnementales tant économiques (marché, tissu industriel, financement...) et politico-légales (mécanismes régulateurs, mesures interventionnistes...) que physiques (éléments naturels) et socio-culturels (comportements, habitudes, culture technique...).

Il s'ensuit qu'une étude pertinente de faisabilité repose sur l'analyse du transfert technologique sous ses aspects interrelationnels, à travers une double nécessité : celle de l'absorption des contraintes et celle de la recherche des performances. Lorsque les facteurs prépondérants sont isolément ou insuffisamment traités, les résultats ont tendance à ne pas adhérer aux attentes des acteurs.

C'est donc par une démarche intégrée qu'il convient d'évaluer les modes d'action à entreprendre, compte tenu du contexte récepteur et des possibilités d'émission existantes. Car, s'il faut, comme le souligne Philippe d'Iribarne, «[...] partout produire efficacement, vendre, moderniser l'appareil productif, et pour cela [...] partout mobiliser les hommes»[22]; le regard porté sur les expériences de transfert-acquisition technologique au Cameroun, montre qu'on ne mobilise pas «partout» les opérateurs de la même façon. Il sied de trouver chaque fois les voies les plus appropriées.

3. Leçons pour l'avenir.

L'étude des modalités et mécanismes de transfert technologique permet de dégager un certain nombre d'indications qui, pour l'essentiel, confirment l'analyse et les hypothèses formulées[23]. Plusieurs caractéristiques en découlent et militent en faveur d'une approche globale de la gestion des projets s'y rapportant.

Les principales causes de difficultés survenues dans le déroulement de la majorité des prestations se trouvent, en effet, dans les trois niveaux d'évaluation que nous avons mis en exergue, à savoir : la détermination de l'utilité technique, de l'utilité économique et de l'utilité politico-sociale. Les enseignements à tirer se résument aux implications suivantes :

- Les décisions concernant les différents modes d'action devraient intervenir dès les premiers stades de la sélection des inputs technologiques et des projets correspondants, au moment où le besoin est traité et où les idées directrices sont formulées; les buts assignés au système étant destinés à guider les orientations présentes et les processus à réaliser.
- L'identification des contraintes significatives et la recherche des solutions alternatives constituent une autre étape cruciale de l'exercice d'évaluation des projets de transfert technologique. C'est en interprétant les interactions entre les facteurs déterminants que l'on pourra estimer les chances de succès des opérations envisagées[24] : contexte

22. *In* «Ce qui est universel et ce qui ne l'est pas», *Revue Française de Gestion*, Septembre-Octobre 1987, p. 6.

23. *Cf.* Chapitre IV : «*3. Hypothèses de la recherche*».

24. Voir à ce sujet : A. BOUTAT, «Choix d'investissements : un pari plus ou moins hasardeux», *op. cit.*, pp. 102-111.

d'ensemble (milieu socio-culturel, environnement industriel...); aspects purement techniques (adaptation technologique, moyens utilisés...); aspects commerciaux (marché, distribution des produits...); aspects économiques (rentabilité, effets d'entraînement...); aspects politico-légaux (code des investissements, mécanismes régulateurs...); analyse de sensibilité et appréciation des risques multidimensionnels (risque-pays, risque d'inadéquation technologique...).

- Les considérations de temps et la structure institutionnelle y jouent un rôle fondamental. Ce qui conforte l'idée selon laquelle la gestion des transferts technologiques devrait mettre l'accent sur l'analyse itérative des contraintes et des opportunités en vue de l'élaboration des solutions appropriées.

Si un intérêt particulier semble avoir été porté aux grosses installations techniques, cela tient en partie à l'aura qui les entoure dans un pays en quête d'industries. Mais on a vraisemblablement eu tort d'ignorer les fonctions intégratives, indispensables à la résolution des problèmes postérieurs à la réalisation des projets, notamment la maintenance et les considérations organisationnelles qui assurent la continuité de l'exploitation. Il est temps désormais d'y apporter le soin nécessaire.

«[...] une unité industrielle est un tout, qui vit en étroite symbiose avec son environnement. Dissocier les différents éléments qui la constituent et qui, en parfaite synergie les uns avec les autres, la font fonctionner, comme l'isoler du contexte économique, institutionnel, humain dans lequel elle puise les conditions mêmes de son existence, la condamne à coup sûr à de graves dysfonctionnements».

Gérard EGNELL et *al.*[1].

Chapitre VI

PROCESSUS DE TRANSFERT-ACQUISITION TECHNOLOGIQUE

L'enquête auprès des entreprises avait l'avantage de fournir la base d'une recherche empirique sur les modalités et mécanismes de transfert-acquisition technologique; elle s'est révélée, en revanche, restrictive pour l'étude des autres aspects, notamment celui de l'évolution des processus à travers leurs différentes phases. Aussi avons-nous choisi de nous approcher de la chronologie des événements qui jalonnent de tels processus, par le biais de deux cas concrets[2] : l'un étant

1. In *Pour un vrai partenariat industriel avec l'Afrique, op. cit.*, p. 38.
2. La forme narrative semble, à cet égard, plus appropriée pour décrire ces processus.

considéré comme un exemple de succès, et l'autre celui d'un échec[3].

1. La société FAEM.

La Fabrique d'appareils électroménagers (FAEM) est une PME, appartenant au sous-secteur de la «construction électrique» et ayant pour promoteur un Camerounais. Offrant des biens produits dans son usine de Douala, grâce à une association avec différents partenaires occidentaux, l'entreprise a connu un développement, tant par son importance que sa pérennité, qui permet de la considérer comme un cas de réussite techno-économique.

1.1 Présentation de la société.

Le promoteur du projet est un docteur en mathématiques appliquées d'une trentaine d'années, spécialiste de la mécanique en milieu continu, homme public, ancien enseignant universitaire. De l'esprit ouvert sur le monde, des compétences techniques, des amitiés solides, du soutien politique, des partenaires étrangers fiables, des associés confiants, il ne manquait pas d'atouts lorsqu'il crée en 1980 la FAEM. Au capital de la société on trouve aujourd'hui de grandes firmes européennes comme *Airwell*, une filiale française de la *Caisse centrale de coopération économique*, *Thomson*, *Candy*, des investisseurs camerounais et le promoteur lui-même.

La participation des nationaux s'élevait à 80% du capital, en 1986, dans cette entreprise qui assure une partie de la fabrication et le montage de climatiseurs, réfrigérateurs, congélateurs et cuisinières. Après le démarrage des activités en mai 1981, le premier exercice comptable a vu le chiffre d'affaires s'établir à 630 millions de FCFA. Ce qui laissait

3. Les responsables de l'une des entreprises n'ont guère exigé la confidentialité, à l'exception de quelques données que nous tairons. En ce qui concerne la seconde, ayant cessé d'exister, nous estimons que l'anonymat n'est plus une nécessité absolue. Nous reconnaissons en même temps que, dans les deux situations, l'absence de densité industrielle dans les secteurs respectifs fait qu'il est facile de les identifier, quelles que soient les précautions que l'on prendrait.

présager un avenir prometteur puisqu'en 1984-85, il atteignait 3.7 milliards de FCFA, et en 1985-86 4.3 milliards; soit une progression respectivement de 39% et 15%. Comme le montre le *tableau 12*, les bénéfices nets attestent de cette évolution favorable.

TABLEAU 12

Résultats de la société FAEM.

INDICATEURS	VALEURS EN MILLIONS FCFA 83-84	84-85	85-86	VARIATIONS ET RATIOS EN % 83-84	84-85	85-86
Capitaux propres	302	405	471	32	34	16
Chiffre d'affaires	2676	3730	4282		39	15
Bénéfice net	173	200	227		15	14
Exportations	-	-	214			
Investissements		1010	1212			20
Autofinancement		-182	253			
Ratios de rentabilité :						
- capitaux propres[1]				57	49	48
- investissements[2]					20	19
- ventes[3]				6	5	5

1. (bénéfices nets/fonds propres)*100. 2. (bénéfices nets/investissements)*100. *3.* (bénéfices nets/chiffre d'affaires)*100.

Dès la première année d'exploitation, les entreprises concurrentes de la FAEM virent les droits de douane sur le matériel importé augmenter. Procédé souvent habituel, diront certains, dans les pays qui tentent de se doter d'un tissu industriel. Pour le promoteur néanmoins, les articles commercialisés par sa société rencontrent un grand succès parce qu'ils sont parfois 50% meilleur marché que les produits étrangers. Quoi qu'il en soit, son mérite particulier est sans conteste d'avoir su mobiliser des investisseurs de différentes origines autour d'un projet opportun, d'avoir mis l'accent sur la formation du personnel local pour en tirer un meilleur rendement et d'offrir des biens de qualité.

On pourrait alors se demander qu'est-ce qui a poussé ce brillant universitaire à créer une entreprise là où, jusqu'ici, la plupart des réussites sociales se tissaient dans l'administration publique ? «Ma réussite, rétorque-t-il, c'est 99% de travail et 1% de chance»[4]. La «chance» probablement d'avoir déjà pris l'envol initial au moment où la redistribution des cartes, sous la bénédiction de la politique du «Renouveau», a eu tendance à favoriser l'émergence de jeunes entrepreneurs. Le «travail» sans doute lorsque l'on observe, assure-t-il, «les problèmes d'un pays comme le Cameroun, créer de la richesse devient plus important que d'enseigner. Pendant quinze ans, la Fonction publique a absorbé tous les diplômés de l'enseignement supérieur. Les temps changent. Il faut se faire sa place dans le secteur productif»[5].

Le promoteur avoue, par ailleurs, des «motivations» de trois ordres : «La première est que, jusqu'à présent, les Camerounais comme la plupart des Africains ne se sont pas fait suffisamment confiance. Quand on manque d'assurance, on ne fait pas confiance à autrui et on ne sait pas travailler en équipe [...]. Ma seconde motivation est de contribuer - de façon concrète - à réaliser quelque chose dans ce pays [...]. Et c'est une des raisons pour laquelle j'ai centré une partie de mes interventions dans des secteurs créateurs d'emplois. C'est ma façon de contribuer au progrès et à la paix sociale. Enfin, ma dernière motivation est, bien entendu, de faire du profit. Une entreprise qui n'en génère pas n'est pas viable»[6].

Aussi, après avoir remarqué que «les appareils électroménagers vendus sur le marché camerounais étaient chers», a-t-il procédé à une étude de faisabilité technique et

4. In *Jeune Afrique Economie,* No hors série, Décembre 1986, pp. 30-31.
5. In *L'Usine nouvelle,* No 44, 31 octobre 1985, p. 68.
6. In *Jeune Afrique Economie,* cité *supra,* p. 35.

commerciale qui lui a démontré la possibilité de les produire localement. Et c'est sur la base de cette étude qu'il a fallu rechercher les financements nécessaires. Ces derniers ont été, dès le départ, apportés par des privés nationaux, soit 100 millions de FCFA. Lorsque les ressources ainsi réunies montrèrent leurs limites, les fonds propres furent portés à 230 millions de FCFA, grâce notamment à la participation au capital d'entreprises étrangères.

L'usine FAEM livre aujourd'hui un paysage industriel assez familier. Le grand hangar abrite les machines qui, de la tôlerie au montage, servent à fabriquer divers appareils commercialisés sous des marques telles que *Radiola, Indesit, Airwell, Sauter*... En peu d'années d'existence, elle est devenue leader sur le marché local. La société qui employait, au moment de notre visite, plus de 200 personnes, n'accumule pas que des performances financières; elle assure à son personnel des salaires moyens de 50'000 FCFA, légèrement supérieurs à la moyenne nationale, une formation continue, et consent quelques efforts en matière de lutte contre la pollution.

1.2 Evaluation du processus de transfert technologique.

La réussite de ce processus de transfert, réalisé par une société d'origine italienne, trouve ses différentes raisons dans les organes du système, tel que nous l'avons représenté; à savoir : les inputs, le système interne, les outputs et l'environnement externe.

1.2.1 Les inputs du système de transfert technologique.

Le critère qui semble avoir motivé le choix de l'émetteur est la notoriété internationale de sa technologie, dans le domaine électroménager. Parmi ses concurrents, il y avait une société française. Cette dernière, après avoir mis en avant l'argument de la libre convertibilité et de la parité fixe du FCFA avec sa monnaie nationale, s'employa à démontrer la supériorité technique de ses apports. Mais pour le promoteur, les conditions proposées relevaient principalement de la volonté de vendre massivement les éléments du sous-système technologique considéré afin d'en maximiser les gains à court terme, plutôt que de rechercher une base de compatibilité pour une coopération durable.

Avant de sélectionner la société italienne, le promoteur-récepteur se fixa comme objectifs de minimiser les coûts du transfert technologique et de favoriser l'indépendance de l'entreprise dans la perspective d'une diversification ultérieure des partenaires. Dès lors, il convenait de limiter, au départ, les inputs technologiques au strict nécessaire.

D'emblée, les discussions furent orientées vers la limitation des apports aux installations, savoir-faire d'usage, spécifications et informations techniques requises. Aussi la FAEM voulait-elle une décomposition contractuelle des prestations, même si celles-ci devaient s'agglutiner autour d'un sous-système technologique dont l'émetteur principal détenait les composantes essentielles. Les contrats allaient finalement porter sur la construction de l'usine (contrôle de l'ingénierie), l'acquisition des machines et savoir-faire servant à la fabrication, la communication des connaissances industriellement opératoires et l'obtention d'un droit d'usage des marques.

Les avantages qui en résultèrent, peuvent être attribués à l'utilisation d'instruments de travail et procédés peu sophistiqués, mais aussi à un savoir-faire d'usage des équipements courants dans la sous-branche. Comme les apports étrangers étaient, pour une part importante, composés de ces équipements, le coût des contrats s'avéra «assez élevé». L'émetteur avait réussi, dans un premier temps, à atténuer ses prétentions pour les maximiser une fois que les activités avaient atteint leur vitesse de croisière, notamment en créant les conditions qui favorisaient à moyenne échéance la vente d'éléments connexes au noyau de la technologie cédée. Les sommes mises en jeu par la FAEM devaient ainsi dépasser 1 milliard de FCFA, les frais d'exploitation 3 milliards et les prestations complémentaires 430 millions de FCFA.

Dans l'ensemble, on peut dire que les effets techniques du transfert se résument à la vulgarisation du savoir de production dans un contexte où l'absorption technologique nécessitait des apports peu complexes. Si les exigences en termes de qualité de la main-d'oeuvre paraissaient moindres pour entraîner des frais élevés, les divers équipements ne furent pas sans alourdir les coûts du transfert. Par rapport à notre classification des inputs technologiques[7], il s'agit d'apports requérant une faible qualification du personnel, mais intensifs en capital (inputs technologiques au voisinage de I_{22}).

1.2.2 Le système interne de transfert technologique.

Par référence au système interne dans lequel les niveaux conceptuel, organisationnel et opérationnel du projet se trouvent réunis, ce qui paraît surtout marquant, c'est la collégialité qui a régné durant l'élaboration et la réalisation des opérations. Ainsi, l'émetteur devait mettre en oeuvre un projet dont les propositions initiales, discutées en amont, avaient été formulées par le promoteur; ce dernier participant, du reste, directement à toutes les phases du procès.

Certes, les négociations ne furent pas faciles, mais le consensus prit le dessus. En effet, si l'émetteur voulait mieux contrôler l'utilisation de ses marques, sans pour autant obtenir la majorité du capital, il jugeait sa position non satisfaisante sur le plan décisionnel. En espérant rallier les récepteurs à ses vues, il entendait devenir un rouage essentiel de la nouvelle société. Le promoteur, quant à lui, faisait valoir la possibilité d'un marché vaste, qui serait éventuellement protégé pour aider l'entreprise durant la période de démarrage, les gains conjoints potentiellement élevés et l'intérêt d'une exportation à court terme à l'étranger.

Un compromis fut finalement trouvé par les acteurs; chacun abandonnant une partie de ses positions antérieures[8]. L'émetteur devait entrer dans la société lors d'une augmentation du capital, dès que les ressources propres eurent rapidement montré leur faiblesse. Entre-temps, le récepteur s'était résigné à ne couvrir que le marché national.

Sous l'angle conceptuel, le projet de transfert semble avoir été influencé par les méthodes de travail camerounaises, et l'implantation de l'unité technologique, après une

7. *Cf.* Chapitre IV : «*3. Hypothèses de la recherche*».

8. Cette procédure de concession réciproque illustre comment le résultat de la négociation dépend de l'attitude des parties face au risque de crise. Voir à ce sujet : A. BOUTAT, *Les transferts internationaux de technologie comme instrument de développement industriel, op. cit.*, pp. 235-247.

année ponctuée de livraisons parfois irrégulières et de légers retards, fonctionne à pleine capacité. Ce qui tend à montrer qu'il est possible de conjuguer utilité technique et adaptation du système aux données d'un contexte contraignant.

L'organisation des opérations en est également l'illustration puisqu'il est établi, sur la base de nos investigations, qu'elle a été déterminée en fonction des comportements et habitudes du milieu récepteur. Pour cela, il fallait un contrôle continu et une interaction qui permettent d'ajuster l'unité technologique envisagée à la fois aux conditions techniques locales et aux besoins initiaux.

Hormis la qualité intrinsèque des équipements et de leur montage, la formation du personnel devait s'effectuer à différents niveaux. Les techniciens supérieurs de l'entreprise émettrice assuraient la formation des cadres techniques locaux; ceux-ci, à leur tour, sous le contrôle des premiers, participaient à la formation des ouvriers d'atelier. Si l'on se réfère au modèle O.I.S.I.E., il s'agit d'une organisation en cascades : le module de pilotage, responsable de l'activité de formation considérée supervise le module opérant, chargé de la formation des agents de maîtrise ou cadres techniques; ces derniers, à leur tour, toujours sous le contrôle et les instructions du module de pilotage, exécutent le programme de formation du personnel d'atelier.

Dans l'ensemble, l'organisation des opérations et, notamment, la préparation des programmes de formation adaptés aux niveaux de départ du personnel, étaient assurées et surveillées par la hiérarchie, constituée en amont par les responsables de l'entreprise réceptrice et les représentants de l'entreprise émettrice. Dans notre modèle, il s'agit du sous-système d'interaction destiné à assumer la fonction de logistique-support, la définition des moyens de pilotage, des phases et rôles opérationnels, sur la base des accords préalablement négociés.

Ce qui précède va dans le sens de nos propositions selon lesquelles le transfert technologique comporte trois dimensions caractéristiques : une dimension conceptuelle et stratégique (sélection des partenaires et des inputs technologiques adéquats, élaboration conjointe et négociée du projet, formulation précise des buts et des arrangements contractuels...); une dimension organisationnelle et logistique (mise en place des structures nécessaires pour transférer les flux retenus, coordination et support de ces structures...); une dimension opérationnelle et technique (exécution des opérations de diffusion technologique, suivi direct et ajustements itératifs des procédures...).

1.2.3 Les outputs du système de transfert technologique.

La prise en compte des outputs du système se justifie par le fait que l'on ne peut envisager une action efficace et rationnelle en s'abstenant de définir les buts visés[9]. Ici, les raisons majeures à l'origine du projet consistaient à couvrir les besoins du marché camerounais avec des produits jusque-là importés, maîtriser la technologie du partenaire et «faire du profit» en bénéficiant des coûts de production bas.

On peut dire que ces «buts» ont été globalement atteints puisque l'entreprise, depuis que l'unité technologique est en fonctionnement, n'a cessé de se développer et de dégager des «profits» considérables. L'exercice clôturé au 30 juin 1985 montre, par exemple, un accroissement du chiffre d'affaires de 39.39%, et celui du bénéfice net de 15.57%, par rapport à 1983-84. En ce qui concerne l'exercice 1985-1986, la variation relative est de 14.82% pour le chiffre d'affaires et 13.93% pour le bénéfice net. Le ratio de rentabilité financière était de 49% à la fin de l'année comptable 1984-85; il s'élevait à 48% en 1985-86. Durant ces deux périodes, si l'accroissement des fonds propres représentait respectivement 33.90% et 16.29%, la rentabilité des investissements tournait autour de 20%. Le tassement du ratio de rentabilité des ventes à 5% reste influencé par la structure des taxes sur le chiffre d'affaires.

Bien que ces indices de rentabilité ne correspondent nullement à ce que pourraient retirer les actionnaires, il faut en convenir qu'ils reflètent les performances de la société

---

9. Cela vaut également quant à l'explication scientifique. On ne saurait expliquer une manifestation rationnelle sans considérer les buts inhérents aux actions entreprises, à moins de privilégier ce que W.H. NEWTON-SMITH appelle «explication minimale» (in *The Rationality of Science*, Routledge of Kegan Paul, Londres, 1981, pp. 241 et suiv.).

prise comme entité. Quant à la couverture de la demande locale, la FAEM est devenue, après six années seulement d'existence, leader sur le marché camerounais, avec une part de 60% à 75% de l'électroménager. Ce qui témoigne d'un dynamisme inégalé pour une PME, contrôlée de surcroît par des privés nationaux.

Au niveau macro-économique et socio-politique, le soutien de la part des autorités s'inscrivait probablement dans la perspective des retombées bénéfiques sur la collectivité. A cet égard, il semble que la présence de la FAEM, selon le Ministère du commerce et de l'industrie, a fini par limiter les importations de l'électroménager et par stabiliser les prix qui augmentaient dans ce secteur de 25% à 30% chaque année.

Ensuite, les avantages de cette technologie se traduisent par une utilisation accrue des cuisinières électriques, dont l'accès se trouve facilité pour les populations qui ne pouvaient auparavant s'offrir des appareils importés. Ce qui réduit par ricochet - vraisemblablement dans une légère proportion - le rythme de la consommation du bois dans les ménages urbains et l'abattage des forêts avoisinant les villes.

Enfin, la FAEM a institué, certes à sa mesure, des carrières industrielles dans un domaine où les effets favorables se sont souvent fait attendre[10]. La progression du nombre d'emplois, bien que limitée à 9% entre 1984-85 et 1985-86 après le fort taux d'accroissement des années 1982-1984, n'est pas indésirable dans un pays où il n'est plus possible d'assurer à la jeune génération le lait de la pérennité redevable à la Fonction publique.

Il faut néanmoins regretter l'inexistence dans l'entreprise de tentatives significatives d'amélioration de la technologie importée, ne fût-ce que dans l'élan de générer une partielle autonomie en la matière. La consolidation du pouvoir de négociation passe également par une valorisation des acquis accumulés que ne saurait indéfiniment alimenter la seule formation continue du personnel aux tâches habituelles de l'exploitation. De plus, la «maîtrise technologique» se limite, pour l'instant, à la mise en exécution organisée des spécifications du partenaire sans pour autant que l'on soit certain de

---

10. *Cf.* Chapitre V : *Modalités de transfert-acquisition technologique.*

fonctionner indépendamment de sa participation active et de profiter des effets de l'apprentissage industriel.

1.2.4 L'environnement externe du système de transfert technologique.

Nous avons pu observer que les partenaires, malgré des négociations difficiles, ont adopté une approche privilégiant l'adhésion de tous, compte tenu du fait que les avantages escomptés étaient suffisamment partagés pour créer les conditions d'un consensus. A ce titre, l'intervention de l'émetteur italien semble avoir épousé la complexité de l'action et les exigences du milieu récepteur. La prise en compte de la culture organisationnelle locale, sans conteste facilitée par l'implication effective du promoteur-récepteur, a ainsi contribué à réduire les risques d'un style inadéquat.

De même, l'environnement politique et institutionnel a joué un rôle favorable dans la réalisation des résultats économiques. Bien que les pouvoirs publics ne soient pas directement intervenus dans les négociations, le sentiment d'avoir derrière soi le soutien en termes d'accès aux capitaux, d'exportations de devises, de licences d'importation des services annexes et composants techniques, d'amitiés influentes... n'était pas sans effet sur le comportement des acteurs de transfert technologique. A cela faut-il ajouter l'encouragement par la politique fiscale des autorités à un stade où la concurrence avec les produits importés aurait pu dessiner, du point de vue des intéressés, les véritables contours des parts de marché respectives.

Il est vrai que les mesures en cause survenaient à une phase de la stratégie industrielle où sont apparus les premiers signes de la promotion tous azimuts du secteur privé national. Jusque-là, la croissance de la production manufacturière locale était restée le fait de l'initiative publique; soit par manque d'épargne privée pour assurer des investissements productifs; soit parce qu'un esprit agissant d'entreprise faisait défaut, en dehors du commerce général et spécialisé. Le projet arrivait donc à un moment opportun.

Mais il n'existait pas que des conditions environnementales favorables. Parmi les contraintes externes, les premiers obstacles furent d'ordre technique. Ils se référaient au bas niveau de qualification du personnel d'atelier et à leur degré d'instruction négligeable. Rien n'empêche de croire, sur la base des informations recueillies et des faits constatés sur place, que le meilleur «ciblage» des besoins en collaborateurs et le choix de critères cohérents en termes de savoir-faire ont favorisé l'absorption de ces contraintes.

En revanche, le manque de capitaux propres, après la mise en oeuvre du projet de transfert technologique, semblait prévisible dans un pays où l'épargne intérieure demeure, comme nous l'avons vu[11], inactive et les procédures d'obtention des fonds un «parcours du combattant». Nul doute que ce sont les résultats encourageants de la première année d'exploitation qui ont convaincu d'autres investisseurs camerounais et occidentaux à porter le capital à 230 millions de FCFA; un marché plus ou moins «verrouillé» venant ensuite convertir les dernières réticences.

Toutefois, le marché en question ne tardera pas à se révéler limité si les contrats ne sont pas re-négociés sur la possibilité d'exporter vers des pays plus solvables (seulement 5% du chiffre d'affaires en 1985-86) une gamme de produits vendus sous des marques internationales. Déjà, la FAEM couvre près de 75% de la demande existante, les perspectives de croissance retenues ne se briseront-elles pas contre un marché qui apparaît désormais étroit, eu égard à la stagnation récente du revenu national ?

2. La société CELLUCAM.

La Cellulose du Cameroun (CELLUCAM) était une entreprise mixte de grande taille, appartenant au sous-secteur «papier & bois» et ayant pour promoteur l'Etat camerounais. Destinée à la valorisation des ressources forestières et à la production de la pâte à papier, l'usine, livrée «clés en main» à proximité de la ville d'Edéa, aurait dû fonctionner grâce à la technologie et à l'assistance technique d'une entreprise publique autrichienne.

---

11. *Cf.* Chapitre I : *L'environnement général* («4. Le cadre industriel et économique»).

D'un capital social de 4'400 millions de FCFA au 30 juin 1978, la société a bénéficié, dès le départ, d'une participation de la S.N.I. pour un montant de 1'716 millions de FCFA, soit 39% de la masse globale[12]. Les résultats de cette expérience qui prit *opérationnellement* fin en 1984, ne peuvent empêcher de considérer le projet de transfert technologique qui en est à la base comme un échec.

2.1 Présentation de la société.

L'expérience de CELLUCAM restera à la fois énigmatique et douloureuse. Sa chronologie maussade commence par une entrée en opération le 1er avril 1981 : l'usine ne tournera qu'à 50% de sa capacité de production. L'exercice 1981-82 se soldera par un déficit de 23.2 milliards de FCFA, dont 8.7 milliards de charges financières et 6.7 milliards d'amortissements, avec un chiffre d'affaires annuel de 4 milliards de FCFA et 1'900 salariés permanents.

La participation étrangère s'élevait à 41.45%, détenue, parmi les partenaires les plus importants, par la firme *Voest Alpina*, la *Société européenne d'investissement* et la *Banque islamique d'investissement*. En dépit de cette sollicitude initiale, l'accumulation des défauts d'appréciation devait se traduire par une insuffisance de fonds propres qui a amené l'Etat camerounais à ré-injecter des capitaux frais dans l'affaire, l'ampleur des pertes de démarrage devenant en effet dissuasive pour d'éventuels nouveaux associés[13].

Il faut dire, d'emblée, que l'entreprise ne brillait guère par sa capacité d'adaptation et fondait essentiellement sa prospérité sur une situation de rente que les procédés et installations techniques ne tardèrent pas à décevoir. L'unité de production, d'une capacité de 122'000 tonnes par an, se révéla

---

12. D'autres sociétés camerounaises, à l'instar des organes officiels de ponction des rentes d'exportation (Office national de commercialisation des produits de base, Caisse de stabilisation des hydrocarbures), devinrent actionnaires.

13. Le directeur autrichien déclara, à ce propos, que «si l'on ne perd pas le courage de continuer à investir, la capacité compétitive de CELLUCAM ne sera pas en doute» (*in* J.-C. WILLAME, «Cameroun : les avatars d'un libéralisme planifié», *op. cit.*, p. 61).

rapidement sur-dimensionnée par rapport au marché local et non concurrentielle à l'exportation. On pouvait ainsi voir *officiellement* abandonnée, en août 1986, l'ultime tentative de colmatage des fissures d'une usine manifestement improductive[14].

TABLEAU 13

Résultats de la société CELLUCAM (en millions de FCFA).

INDICATEURS	81-82	82-83	83-84	84-85
Valeur ajoutée	-2500	-3068	-1414	-516
Bénéfices nets	-23200	-36559	-34859	-20293
Capital social	15000	15000	20270	20270
Chiffre d'affaires	4000	3413	950	18
Production en tonnes	60000	40000	21000	-
Rentabilité financière		*négative*		
Rentabilité économique		*négative*		

En fait, le «grand projet» n'a pas été intégré dans une vision globale. Les missions mises en avant se sont, en dernière analyse, avérées des desiderata sans stratégie conséquente, qui, engouffrant des ressources rares et des crédits liés dans les inputs technologiques importés, semblent avoir tourné le dos aux conditions minimales de fonctionnement et de rentabilité[15]. Les difficultés entretenues par la crise mondiale

14. Entre-temps, elle n'était plus fonctionnelle, le directeur expatrié ayant tragiquement disparu.

15. Un spécialiste du secteur avait pourtant écrit en guise d'avertissement : «Pour une industrie aussi lourde, le droit à l'erreur

de l'industrie du papier seront amplifiées par d'autres contraintes : coûts de production au-dessus des prévisions, produits étrangers largement compétitifs, technologie complexe malaisément maîtrisable, assistance technique déficiente...

Le deuxième exercice de CELLUCAM sera l'occasion d'annoncer un déficit de 36.559 milliards de FCFA, un chiffre d'affaires de 3.413 milliards et une valeur ajoutée de -3.068 milliards de FCFA (*Tableau 13*), qu'un ensemble de facteurs pouvait présager : exploitation technologique perturbée, partenaire émetteur confronté aux obstacles techniques du milieu récepteur, paramètres naturels inapprivoisables...

Le premier arrêt de l'usine intervint en décembre 1982, à la suite d'une panne de tuyauterie de la chaudière de récupération et de l'insuffisance de la maintenance. Le processus de logistique-support devait ensuite révéler un manque cruel de fonds de roulement, indispensables à l'appel immédiat d'agents extérieurs. Ce qui entraînera la mise au chômage technique du personnel et la cessation, en amont, de l'activité forestière à partir de mai 1983.

Ces incidents avaient connu auparavant un autre prélude, lors de l'explosion de l'atelier de préparation du dioxyde de chlore servant au blanchissement de la pâte à papier et du magasin de chlorate de sodium en mars 1982, à la suite d'une défaillance du système technique, moins d'une année après sa mise en fonction. Le faible niveau de la production ne pouvait être corrigé par l'augmentation du capital qui eut pourtant lieu en 1983, passant de 15 milliards à 20.270 milliards de FCFA. Finalement, ce qui devait arriver survint : l'enterrement d'un monstre industriel mort-né.

2.2 Evaluation du processus de transfert technologique.

Les premiers défauts de CELLUCAM sont ceux du choix des inputs technologiques, des sources de financement et des critères de montage du projet. Les effets extérieurs de la crise économique mondiale ont, certes, aggravé ces défauts, mais

---

n'existe pas» (*in* J.J. RENARD, «L'industrie du papier dans les pays en voie de développement», *Industries et Travaux d'Outre-mer*, 1981, p. 514).

ne les ont pas directement générés. Et la combinaison des facteurs internes et externes au système de transfert technologique a réduit à néant l'apport que l'Etat camerounais était en droit d'attendre de la contribution de cette entreprise au développement industriel national.

2.2.1 Les inputs du système de transfert technologique.

Indépendamment du sur-dimensionnement des installations techniques, une erreur flagrante résultait du choix des procédés qui ont été appliqués. Cette erreur est sans doute due au fait que, par manque de compétences locales, les spécifications techniques du projet ont été essentiellement préparées, formulées et exécutées par un partenaire fournisseur en sus des biens d'équipement. Ce qui ne fut pas sans influence sur le coût des contrats (investissement supérieur d'environ 50x le chiffre d'affaires moyen) et la recherche des sources de financement aux conditions particulières.

Les prétentions camerounaises se résumaient à l'obtention d'un «paquet technologique», regroupant les biens de capital, les procédés secrets et les services d'assistance diversifiée pour l'exploitation forestière en vue de la fabrication de la pâte à papier blanchie et, résiduellement, du papier d'impression, d'écriture et d'emballage, doublée d'un programme de reboisement. Dès lors, l'engagement contractuel de l'émetteur devait porter sur la fourniture d'une usine «clés en main», articulée autour des principaux points suivants : plans de fabrication, conception et maîtrise de l'ensemble industriel, biens d'équipement et composants techniques annexes, démarrage, formation technique des différentes sources de personnel, procédés de fabrication.

Au niveau de l'investissement, près de 120 milliards de FCFA furent finalement consacrés au projet, avec un plan annuel de frais d'exploitation et d'assistance de l'ordre de 33 milliards de FCFA.

Les arguments déterminants dans le choix de cet émetteur prépondérant reposaient sur son expérience dans le domaine de la pâte à papier, la notoriété internationale de sa technologie et la garantie que pouvait représenter une entreprise bénéficiant de la caution de son Etat d'origine. Aussi l'intervention des autorités publiques camerounaises demeura-t-elle active pour aboutir, en mai 1974, à la signature d'un protocole d'accord avec un représentant du gouvernement autrichien. Ce protocole prévoyait l'attribution au partenaire étranger du leadership d'un vaste consortium chargé d'élaborer et de mettre en oeuvre le projet.

Pourtant, non seulement les intrants en matières premières locales affichaient une différence considérable par rapport au bois des régions européennes, les procédés techniques semblaient démentir l'expérience concluante qui avait été effectuée en laboratoire. Qui plus est, les apports correspondaient à une technologie très complexe, requérant une haute qualité de la main-d'oeuvre et intégrant des équipements techniques fort onéreux. Il s'agissait là, par référence au *portefeuille* d'inputs[16], du cas extrême I_{44}.

La réalisation de l'ensemble industriel envisagé finit par confirmer le doute inhérent à l'exploitation efficace d'apports en inadéquation avec le milieu cible. L'acquisition du «paquet technologique», avec toutes ses prestations connexes, excluait *a fortiori* toute forme de participation d'agents de transfert indépendants, susceptibles de contribuer à l'adaptation du système. Les programmes de formation posaient, par surcroît, le problème de la responsabilisation des opérateurs à faible niveau de culture technique.

Cet aspect se retrouvera, une fois encore, sur le plan de l'exploitation des installations : difficultés techniques qui font que la production n'atteint pas le niveau promis; problèmes de maintenance; explosion de l'atelier de blanchissement de la pâte, due, pour les uns, à l'«incompétence d'une main-d'oeuvre sous-développée», et, pour les autres, aux «malfaçons» de l'unité technologique livrée... Toujours est-il dit que la valorisation espérée des inputs technologiques transférés n'eut pas lieu.

---

16. *Cf.* Chapitre IV : *«3. Hypothèses de la recherche»*.

2.2.2 Le système interne de transfert technologique.

En tant que commanditaire de l'ouvrage technique, l'Etat camerounais avait chargé une administration de tutelle de concevoir le projet dans ses grandes lignes, en termes de besoins, devant déboucher sur un appel d'offres international. Dès le départ, les discussions en vue de la sélection d'un émetteur furent orientées vers les problèmes d'ordre financier, le contrôle de l'ingénierie pour le montage d'un ensemble industriel, la définition des contrats d'assistance technique et de cession des procédés.

Les récepteurs situaient leur objectif de production à 125'000 tonnes de pâte à papier blanchie; ce qui correspondait, à quelques tonnes près, aux extrants de fabrication que permettrait de réaliser le sous-système technologique mentionné dans l'offre de l'émetteur sélectionné, dans la perspective d'une forte capacité initiale et sous réserve des économies d'échelle qui rendraient la nouvelle usine internationalement compétitive.

En réalité, l'administration n'avait pu suggérer un projet viable. Aux ambitions prévisionnelles adhéraient les propositions de l'émetteur. Aucune erreur ne semblait possible, d'autant plus que ces propositions émanaient principalement d'une des plus grandes firmes mondiales du secteur, qui, paradoxalement, n'attendit pas l'entrée en fonction de l'usine pour se désaisir, en 1980, de 25% de ses actions[17]. La facture représentait la contrepartie d'un projet grandiose, à l'instar du bond en avant qui suffirait à combler l'écart entre les entreprises internationales - déjà contrariées par la dépression du marché - et une unité de production située dans un environnement où les matières premières ne demandaient que des infrastructures pour leur récupération. Le dysfonctionnement dont les causes peuvent être citées d'abondance, ne tarda pourtant point.

Au niveau conceptuel, il y a d'abord la légère justification du projet sur le plan strictement technique (inadéquation des inputs) et économique (possibilités de rentabilité et de financement), quand bien même l'évaluation démontrait une

17. Voir à ce sujet : J.-C. WILLAME, «Cameroun : les avatars d'un libéralisme planifié», *op. cit.*, p. 61.

utilité socio-politique massive (soutien actif des pouvoirs publics respectifs en raison des avantages collectifs espérés).

En effet, la décision de faire appel à la technologie étrangère a entraîné des problèmes particuliers, comme en témoigne la sous-utilisation de la capacité de production. Situation que venaient compliquer les besoins et les échéances de financement. Les coûts en consommations intermédiaires importées (soude caustique, dioxyde de chlorure...), en charges financières et en dépenses d'assistance technique, devaient représenter plus de 35% du chiffre d'affaires de la société. La seule rétribution des 49 expatriés atteignait 37% des charges salariales totales, contre 27% dans l'industrie camerounaise du bois. Le coût du capital, calculé sur un passif à long et à moyen terme de 88'331 millions de FCFA, correspondait à environ 90% de celui de la branche dans son ensemble, soit 9092 millions de FCFA[18].

L'absence de services d'évaluation autonomes et d'un véritable dialogue entre les partenaires a finalement conduit à une entière dépendance à l'égard du projet proposé par l'émetteur principal[19]. Ce qui tend à nous conforter dans l'hypothèse formulée quant à la préparation conjointe du projet de transfert technologique et à l'intervention nécessaire de tous les acteurs décisionnels au niveau conceptuel du système. L'appréciation itérative des différentes utilités suggérées (technique, économique, socio-politique)[20] trouve, encore ici, sa justification, tant l'incompatibilité des inputs, des outputs et de l'environnement paraît manifeste.

Par rapport à l'utilité technique, de nombreuses questions auraient dû intervenir : Comment fabriquer la pâte à papier à partir de bois tropicaux divers ? Si les procédés permettant cette opération peu classique en Europe, innovative pour l'émetteur et maîtrisable à l'échelle d'une usine-pilote, le sont-ils en vraie grandeur dans le milieu récepteur? Quel est

18. Source : S.N.I., *Rapport d'activité de l'exercice 1982-83*, Yaoundé, 1983.

19. Insuffisamment informé des données fondamentales de l'environnement du système de transfert, celui-ci aurait dû être saisi par un mouvement paroxysmal de désintéressement pour présenter les études de faisabilité sous un éclairage objectif.

20. *Cf.* Chapitre III : «*3. L'évaluation des* transferts technologiques».

le risque technique d'inputs technologiques validés lors d'une expérience *in vitro* dans un système *in vivo* ?

A supposer d'ailleurs que l'utilité technique eût été garantie, la Cellulose du Cameroun aurait-elle survécu ? Difficilement en l'absence de l'utilité économique. Certains éléments laissent penser qu'elle aurait connu le même sort - peut-être étalé et moins violent -, le prix de revient de la pâte à papier lui ôtant tout espoir de devenir compétitive. On aurait pu, à cet égard, s'interroger sur l'opportunité de fabriquer un produit destiné à l'exportation, mais dont le prix de vente international, du reste comprimé, ne manquerait pas de souffrir des retournements plus prononcés du marché[21].

Quant au montage financier, l'insuffisance des capitaux propres (15 milliards de FCFA pour un coût initial de 75 milliards), dans le cadre d'un projet aux inputs technologiques à forte intensité de capital - 297'619 dollars[22] par unité d'emploi - et à haute qualification de la main-d'oeuvre, atteste de la faiblesse de l'étude de faisabilité économique. Et l'absence de fonds de roulement a vraisemblablement nui aux tentatives de restructuration survenues dès les premières secousses de l'exploitation, malgré les rallonges créancières en capitaux autrichiens, britanniques, français et suédois.

Seule, l'utilité socio-politique semble avoir motivé les différentes décisions : le gouvernement camerounais entendait, d'une part, favoriser l'exploitation des ressources de base (bois, forêt), et, d'autre part, échapper à la dépendance vis-à-vis des importations de papier, tout en assurant des emplois aux nationaux. Aussi n'a-t-il pas malheureusement jugé indispensable, dans cet élan légitime, de demander le conseil d'experts indépendants, face probablement à la réputation d'une firme publique d'un pays développé qui, au demeurant, était disposé à accorder les crédits nécessaires pour faciliter les activités d'un exportateur national. L'organisation du processus de transfert technologique devait, dès lors, souffrir d'une vision unilatérale.

---

21. Faut-il, dès lors, s'étonner que la société suédoise qui devait commercialiser la pâte à papier, *Svenska Cellulose Aktiebolaget,* ne fût pas disposée à faire partie du cercle des actionnaires de CELLUCAM, ni à établir une représentation sur place ?

22. Pour mémoire : fin 1982 : 1$ = 338 FCFA; fin 1983 : 1$ = 417.1 FCFA.

Comme la plupart des usines de pâte à papier, CELLUCAM requérait non seulement d'importantes compétences techniques et de gros équipements, mais aussi d'énormes stocks destinés à la consommation intermédiaire et un support logistique régulier. Pourtant, des déficiences apparurent également à ce niveau, justiciables à la fois au partenaire chargé de l'assistance technique et aux interlocuteurs locaux. Il suffit pour s'en convaincre de considérer les retards pris durant l'implantation de l'unité technologique[23], la mise en oeuvre de la production et l'absence de logistique pour la réparation de l'installation du tuyau de récupération incendié.

Deux ans après la mise en route de l'usine, de nombreuses questions d'ordre technique restaient en suspens[24] : Pourquoi la pâte à papier consommait-elle plus de matières premières que prévu ? Comment la capacité de l'aire de stockage pouvait-elle demeurer engorgée ? Que faire des filtres qui continuaient à entraîner un niveau anormal de produits déclassés ? Dans quelle mesure était-il possible de remédier aux carences de l'écorçage du bois et à la corrosion rapide des conduites d'eau ? Etc.

Une autre faille du niveau organisationnel résidait dans le manque de coordination des diverses interventions, surtout si l'on imagine que des composants techniques accessoires d'au moins cinq origines ont été associés au projet. Ce qui amène à rappeler le caractère primordial d'un sous-système d'interaction dans la coordination et le suivi des opérations.

L'ensemble industriel a bien sûr été commandé à l'émetteur principal, mais les fissures qui commencèrent à se faire jour nécessitaient d'autres apports techniques et davantage de capitaux que les différentes sources internationales liaient naturellement à des retombées dans leurs économies respectives. Dans ces conditions, la moindre des précautions aurait consisté à contrôler plus méthodiquement la qualité des fournitures et prestations à caractère technologique, puis les engagements qui les sous-tendaient. Car, comme nous

---

23. Signalons que le projet remonte au second plan quinquennal dans lequel il n'était inscrit que pour une valeur de 8 milliards de FCFA.

24. J.J. RENARD, «Cellucam, après deux années de fonctionnement», *Industries et Travaux d'Outre-mer,* 1983, pp. 344-345.

l'avons explicité dans le cadre du modèle O.I.S.I.E.[25], le contrôle est essentiel au bon déroulement du procès et permet de s'assurer que ce qui est accompli, à un niveau quelconque du système, correspond plus ou moins à ce qui est prévu dans les arrangements négociés.

Sur le plan opérationnel, les problèmes déjà signalés eurent de graves répercussions en aval du système. Les programmes de formation venaient des bureaux d'ingénieurs qui n'avaient de repères que les accords scellés antérieurement par les acteurs du transfert technologique, au détriment d'une adaptation sans cesse renouvelée sur le terrain. Les erreurs dans la conception du projet se faisaient ainsi durement ressentir au moment de la traduction technique des modes d'action décidés en amont. Ce qui ne pouvait entraîner, de la part des responsables de l'exécution, que des corrections partielles. Dès lors, le coût du projet devait dépasser les 75 milliards de FCFA initialement budgetés.

En récapitulant, les constatations suivantes semblent avoir altéré le fonctionnement du système interne de transfert technologique :

- les lacunes dans la préparation n'ont pas permis de tenir suffisamment compte des différents problèmes essentiels, propres au contexte dans lequel le transfert technologique devait s'opérer;
- les considérations financières et socio-politiques ont été privilégiées au détriment de la recherche des variantes performantes sur le plan techno-économique;
- l'identification des besoins a été effectuée, au niveau des objectifs de production et en termes d'effets espérés, mais la mise en oeuvre du projet a été laissée à l'appréciation de l'émetteur;
- les évaluations antérieures et l'insuffisance du processus de logistique-support eurent de graves conséquences sur l'exécution des activités de diffusion technologique, notamment en raison de l'absence d'une véritable interface entre le niveau conceptuel et le niveau opérationnel du système.

---

25. *Cf.* Chapitre III : *Le modèle O.I.S.I.E.*

2.2.3 Les outputs du système de transfert technologique.

Les buts globaux à l'origine du projet de transfert étudié reposaient, comme nous l'avons signalé, sur la maîtrise de la technologie de la cellulose, la valorisation des ressources forestières, l'emploi national et la production de la pâte à papier en vue d'une amélioration de ce poste dans la balance commerciale (consommation intérieure, exportation du surplus). D'emblée, nous pouvons dire qu'ils n'ont pas été atteints puisque CELLUCAM a cessé d'exister.

Sur le plan micro-économique, les déficits enregistrés, dès la première année d'exploitation, ne prirent fin qu'après la décision des pouvoirs publics de ne plus soutenir une entreprise qui était, dès le départ, techniquement condamnée. Cette triste évolution se dessine brièvement ainsi :

- un chiffre d'affaires largement en dessous du seuil de rentabilité théorique espéré, dont la chute peut être illustrée par deux limites absolues : 4'000 millions de recettes en 1981-82 et 18 millions de FCFA trois années plus tard;
- des résultats nets à la hauteur des espoirs déçus, soit des pertes de 23'200 millions de FCFA en 1981-82, 36'559 millions en 1982-83, 34'859 millions en 1983-84, 20'293 millions en 1984-85;
- des taux de rentabilité négatifs en rapport avec les résultats durant la vie de l'unité technologique implantée;
- une capacité de production sous-utilisée depuis l'entrée en fonction du processus de fabrication le 1er avril 1981.

En ce qui concerne le «but» avoué de former le personnel à la maîtrise technologique, le résultat saute aux yeux : non seulement les intéressés n'ont plus eu l'opportunité d'appliquer le savoir-faire qu'ils auraient éventuellement acquis durant le laps de temps qui sépare l'entrée en opération de l'usine et sa fermeture, mais surtout, les effets de l'apprentissage auraient de faibles chances de se traduire par des performances dans l'hypothèse où une nouvelle occasion s'y prêterait dans le domaine de la cellulose. De plus, les procédés d'antan, qui se sont d'ailleurs révélés inféconds dans le traitement du bois local, ne devraient plus vraisemblablement entrer en matière, tant paraissent exacerbées les plaies laissées par l'expérience douloureuse de CELLUCAM.

Au niveau macro-économique, les menus avantages qu'on pourrait attribuer à l'importation de la technologie étrangère, hormis les enseignements à tirer des erreurs accumulées, ne se résument qu'à un bref supplément d'emplois et à une modeste participation au PIB. La contribution que citerait peut-être la population villageoise de la région environnante est celle d'un pôle d'activités en effervescence qui a duré le temps de l'installation et de l'exploitation triennale de l'usine. Effervescence rendue sans doute possible par la distribution d'une masse salariale de près de 3 milliards de FCFA par an[26].

Par rapport aux motivations écologiques qui pourraient justifier la partie du projet consacrée à la valorisation des ressources forestières, on notera simplement que la portion de forêt qui devait fournir la matière première de base requise, n'a pas été reboisée.

2.2.4 L'environnement externe du système de transfert technologique.

Parmi les contraintes environnementales qui s'opposaient à l'exploitation efficace de l'unité technologique, nous avons vu que certaines provenaient du faible niveau technique du personnel. En fait, cet obstacle est tributaire de la tradition «pré-industrielle» en général, et des habitudes de travail en particulier. Or, ces composantes sont indissociables de la culture technique qui, elle, comme le montre Jacques de Bandt[27], est échelle de valeurs, relations, expérience et mémoire collective. Elle ne s'invente pas, ni ne se produit, à l'instar des biens et services, à coups de moyens dépensés.

---

26. En 1983, alors que la banqueroute n'était plus qu'un secret de Polichinelle, les charges salariales du personnel local et expatrié s'élevaient à 2.824 milliards de FCFA (Source : S.N.I., *Rapport d'activité de l'exercice 1982-1983,* Yaoundé, 1983).

27. *In* «procédés nouveaux : une affaire de culture technique», *Revue Française de Gestion,* Juin-Juillet-Août 1982, pp. 51-56.

Cet aspect semble avoir été négligé dans la définition des programmes de formation et des flux d'instructions destinés à des ouvriers, pour la plupart, agriculteurs avant la mise en oeuvre du projet. Ce qui a sans doute entravé les mesures correctrices des agents opérationnels, dès que les premiers signes perturbateurs se firent sentir.

De même, nous avons pu relever l'inadéquation des procédés techniques par rapport au milieu physique, notamment la difficulté d'assurer la fabrication à partir des intrants naturels locaux. Il en est résulté des produits de qualité médiocre, malaisément utilisables ou commercialisables à l'exportation. Les paramètres naturels apparaissaient ainsi comme un entrelacs de contraintes fondamentales qu'il aurait fallu préalablement étudier de manière approfondie[28].

A supposer que la production eût été satisfaisante, le problème de la commercialisation serait restée entier, faute d'une analyse de sensibilité et d'une évaluation globale de l'environnement international. Ce faisant, on a omis de prévoir les variations sur le marché du papier/cellulose et l'âpreté de la concurrence mondiale, tant de pays ayant auparavant accumulé un savoir-faire remarquable dans le secteur.

Les exportateurs traditionnels avaient pourtant, à l'époque, déjà pressenti la montée en puissance de certains Etats du Sud-Est asiatique et y décelaient aussi bien un processus d'endogénéisation de la technologie occidentale[29] qu'une exploitation méthodique des forêts reboisées. Tandis qu'ici, une fois l'usine «clés en main» livrée, il ne s'agissait plus que d'une entreprise confrontée à des difficultés d'exploitation, essayant malgré tout d'offrir sur le marché international un produit intermédiaire, avec peu de possibilités de manoeuvres face à la stratégie des groupes intégrés cumulant fabrication de la pâte et fabrication diversifiée du papier.

Sur le plan politique, l'absence d'un projet précis ou de propositions initiales étoffées par l'administration publique

---

28. Par exemple, durant la saison des pluies, les lourds camions Berliet, sélectionnés sans doute à la faveur des crédits français et utilisés pour collecter les arbres abattus, n'étaient guère adaptés aux pistes locales et entraînaient des difficultés d'approvisionnement pendant plusieurs mois de l'année.

29. Voir par exemple : A. BOUTAT, «Exportation de technologie : la relative percée de certains pays du Sud», *op. cit.*, pp. 215-220.

de tutelle n'a pas été étrangère au transfert d'un sous-système technologique dont l'évaluation des effets probables sur la collectivité aurait dû prouver plus tôt les limites. La sélection du partenaire, loin d'être un processus de détermination d'éléments constitutifs de coûts et de performances, fut finalement le terrain de négociations aux contours discutables et le champ des contraintes du financement international, où les autres aspects environnementaux ne semblaient pas représentatifs.

Ce qui précède montre en définitive la nécessité d'une gestion intégrée des transferts technologiques, patiemment orientée vers les buts qui en font la raison d'être, et suffisamment informée sur un environnement multidimensionnel par excellence.

3. Enseignements à tirer.

Après l'analyse critique des deux processus de transfert technologique qui nous paraissaient révélateurs des facteurs d'échec, ou de succès, et des défis sans cesse à relever, il convient d'en tirer quelques enseignements.

L'un de ces enseignements concerne l'utilité d'une évaluation systématique et d'un suivi des opérations de transfert tout au long des processus de conception, d'organisation des activités de diffusion technologique et de leur exécution. Cela au moins pour deux raisons : d'une part, la procédure classique de l'appel d'offres collectionne des revers lorsqu'elle favorise l'octroi des contrats sur la base des dossiers séduisants et des spécifications techniques du cahier des charges, élaborés par des agents qui ne sont guère au fait des opportunités et des faiblesses du milieu récepteur; d'autre part, l'habitude qui revient à confier des projets industriels à un ensemblier, responsable de la totalité des activités de diffusion technologique, en sa qualité d'émetteur favori, ne concourt pas souvent à l'exercice du contrôle étalé des prestations.

Ces deux solutions ne semblent indiquées que dans des situations où le partenaire prend une participation consistante dans la nouvelle entreprise, endossant chemin faisant l'équivalent de risques industriels non compensables à court terme par des recettes et redevances sur ses apports[30].

S'agissant particulièrement du cas FAEM, l'enseignement que l'on peut tirer justifie assez bien notre proposition quant à la préparation conjointe des projets de transfert technologique. Nous avons ainsi constaté que les contraintes relatives à l'implantation et à l'exploitation de l'unité technologique se trouvent atténuées lorsque le partenaire récepteur y est associé. De même, il est apparu crucial que le projet, sur le plan conceptuel et organisationnel, bénéficie de ses réflexions afin de mieux coller aux besoins et que les études de faisabilité (technique, économique, socio-politique) suffisamment informées, soient entreprises.

Néanmoins, ces prédispositions heureuses ne peuvent empêcher de s'interroger sur l'avenir de la FAEM. L'absence de R-D dans la société donne l'impression que la pérennité de l'exploitation ne saurait dépendre que des inputs technologiques d'origine exclusivement étrangère, au détriment d'une consolidation endogène et d'un prolongement des acquis existants. Cela d'autant plus que l'ampleur du succès enregistré semble avoir été favorisée, sur le plan commercial, par un marché intérieur relativement protégé et des alliances encouragées par les pouvoirs publics.

Quant à CELLUCAM, les leçons à tirer de cette expérience sont, en priorité, d'éviter dans la mesure du possible les projets de type «clés en main», dès lors qu'ils contrarient une vérification régulière - et non seulement ultime - des prestations de l'émetteur.

Il est d'ailleurs assez symptomatique de remarquer qu'aucun expert indépendant, ni institut externe à vocation technologique, n'a participé de manière active aux processus de conception, d'organisation et d'exécution du transfert technologique considéré; la responsabilité des installations techniques et celle de la formation du personnel étant pratiquement assurées par un émetteur unique. Or, comme le soulignait un observateur averti et praticien des opérations technologiques internationales, «En construisant les usines

30. Rappelons, à ce propos, que le principal partenaire de CELLUCAM avait réussi à réduire sa participation à 10% des parts sociales, avant le premier exercice d'exploitation de la société.

sans suffisamment former les hommes et les entraîner à la marche des entreprises, c'est comme si nous avions construit le bateau sans apporter le soin qu'il convient à l'équipage, et ce ne sont pas les mêmes hommes qui savent construire les bateaux et qui savent constituer et entraîner les équipages»[31].

31. C. BEULLAC, Président du *Centre Nord-Sud de l'Institut de l'entreprise,* P.D.G. d'*Eurequip*; *in* G. EGNELL et *al.*, *Pour un vrai partenariat industriel avec l'Afrique, op. cit.*, p. 8.

CONCLUSION DE LA DEUXIEME PARTIE

Parmi les causes de dysfonctionnement technique des prestations analysées, il y a non seulement la conception sophistiquée des unités technologiques et des processus de production pour la qualification du personnel appelé à les maîtriser, mais aussi un écart entre les hypothèses techniques initiales et la réalité de l'exploitation. Il paraît, en l'occurrence, indiqué de réduire l'impact de ces facteurs en identifiant systématiquement les sources de personnel à privilégier; puis de diversifier, dès le départ, l'attribution des différents modules homogènes de diffusion technologique aux agents susceptibles de s'en acquitter convenablement.

La prudence dont on devrait faire preuve, consiste en une refonte des procédures du procès. Il s'agit essentiellement, comme nous le suggérons dans le cadre du modèle O.I.S.I.E., de combiner, à travers une même approche finalisée et itérative, les activités préparatoires et opérationnelles en veillant à ce qu'elles ne soient engagées qu'en fonction des meilleures garanties possibles.

L'échec de CELLUCAM semble, par ailleurs, démontrer qu'il ne suffit pas de disposer de richesses naturelles pour susciter invariablement des projets d'acquisition technologique visant à les valoriser; encore faut-il en assurer la préparation, depuis les études préalables à la commercialisation des produits finis.

Cela ne signifie pas non plus qu'il faille désormais renoncer au traitement industriel du bois, eu égard à l'élan brisé. Les ressources forestières demeurent une base favorable d'intégration industrielle et interviennent dans plusieurs domaines de l'activité économique. L'exemple des pays scandinaves (Norvège, Suède, Danemark) et celui des pays asiatiques (Chine, Corée du Sud, Thaïlande) montrent que, lorsque ces ressources sont exploitées rationnellement, elles constituent une source d'avantages aussi bien économiques que sociaux.

Ces remarques plaident finalement pour l'adoption de stratégies et politiques plus opérationnelles en matière d'acquisition technologique et d'industrialisation, afin de tirer parti, plus que par le passé, de la coopération internationale.

De manière générale, il convient de déterminer les éléments essentiels à chaque situation. L'intérêt des acteurs, leurs buts, leurs systèmes de valeurs, leur technicité, leur capacité d'émission ou d'absorption des flux technologiques, reflètent une multitude de paramètres allant des niveaux de scolarisation ou de formation professionnelle des personnels jusqu'au degré de confiance entre partenaires publics et/ou privés. De cette interdépendance découle un principe : tout changement intervenant dans le fonctionnement de l'ensemble réagit sur chacune de ses composantes, et réciproquement.

CONCLUSION GENERALE

«En essayant de comprendre comment une société [...] apprend, choisit de nouvelles directions, crée de nouvelles relations de loyauté, affronte des tâches coûteuses, etc., nous découvrons les limites des analogies mécaniques ordinairement employées par les économistes et nous nous retrouvons aux côtés des sociologues en quête d'analogies biologiques utiles».

Arthur W. LEWIS[1].

Hormis le fait que le Cameroun ne peut disposer de toutes les capacités scientifiques et techniques lui permettant d'assurer le prolongement des possibilités industrielles actuelles, l'autarcie technologique est inconcevable dans la mesure où les besoins sont si immenses que la recherche d'une certaine autonomie en la matière ne saurait écarter celle de la collaboration extérieure. L'essentiel réside, dès lors, sur la manière d'orienter favorablement une telle collaboration afin qu'elle puisse rencontrer les conditions d'une réelle efficacité.

Les obstacles à lever concernent en particulier : l'attention trop vive des entrepreneurs pour les investissements rémunérateurs à court terme, détournant ainsi une grande partie des ressources existantes de l'acquisition des technologies non disponibles localement et de l'apprentissage technique; le goût prononcé de l'élite pour l'administration publique au moment où les compétences potentielles sont plus que jamais nécessaires dans l'expérience industrielle; l'insuffisance en matière de savoir-faire collectif, qui tient précisément à la fragilité du tissu industriel, à la faiblesse du niveau de culture technique et au système de formation professionnelle.

---

1. Prix nobel d'économie; *in* «Où en est l'économie du développement?», *Problèmes Economiques,* No 1877, 6 juin 1984, p. 23.

Il reste néanmoins une pratique des affaires commerciales, immobilières et financières qui doit être utilement aménagée pour s'appliquer à l'industrie.

Du côté des pouvoirs publics, en l'absence d'un réseau solide d'entreprises, l'Etat a eu tendance à assumer un rôle de substitution : c'est lui qui initie, guide, et, souvent, gère le développement économique. Comme ces pratiques de parrainage ont progressivement conduit à une «surconsommation d'Etat» et à une «surcharge institutionnelle», elles méritent d'être remplacées par des dynamiques plus fécondes. Le thème de la reconstruction - et donc inévitablement celui de la participation et de la responsabilisation de la «société civile» - devient alors l'enjeu principal.

A travers cette reconstruction, la politique technologique devrait être envisagée dans la perspective d'un renforcement endogène des capacités locales. C'est notamment grâce à elle que l'on pourrait savoir si la technologie, dans l'action de développement national, est satisfaisante dans l'optique de la maîtrise industrielle, de son utilisation par les opérateurs intéressés, de la création d'emplois et des effets sur l'environnement général.

Il s'agit également de ne plus être prisonnier des options du passé, où l'on a résolument mis l'accent sur la commande d'usines «clés en main», ne suscitant qu'un impact positif limité. L'adaptation des inputs technologiques à la taille des différents processus de production et l'utilisation des licences ou brevets apparaissent désormais comme deux dimensions à privilégier. Cette exigence doit être, de surcroît, combinée avec celle d'une relation plus étroite entre le système d'éducation et l'industrie. Parallèlement, il est essentiel que la formation vise les besoins du secteur informel de l'économie, y compris les zones rurales manifestement sous-valorisées.

En somme, aux politiques en matière de développement industriel et technologique, il incombe dorénavant d'harmoniser les apports externes et les moyens destinés à en faciliter localement l'exploitation; à condition, naturellement, d'admettre qu'ils ne sont ni neutres, ni forcément incompatibles, mais plutôt synergiques à certains égards.

Une autre recommandation mérite d'être retenue, c'est la nécessité d'accompagner le transfert technologique par une amélioration des capacités techniques des firmes réceptrices. Il est ainsi regrettable que 8% seulement des entreprises de l'échantillon national envisagent une adaptation continuelle de la technologie acquise; celle-ci apparaissant comme une une marchandise indépassable et destinée à la consommation des entreprises au même titre qu'une simple matière première, sans perspective d'utilisation à long terme par des efforts internes de réajustements et d'innovation.

En ce qui concerne les processus de transfert technologique présentés, si le cas FAEM a pu justifier l'utilité d'une préparation conjointe des projets en vue d'en atténuer les contraintes, l'échec de CELLUCAM donne, en revanche, à penser que les contrats globaux sont particulièrement hasardeux. Cet échec tend également à montrer que le développement industriel ne saurait être le résultat de stratégies *attentistes* et non intégrées, s'appuyant sur des mégalo-projets sans réseaux porteurs par le bas.

Un effort particulier mérite toutefois d'être salué : l'option récente consistant à développer les petites et moyennes entreprises. Même si l'on ne doit pas en attendre dans l'immédiat une grande effervescence, il ne serait pas de bon ton d'afficher un scepticisme inaugural là où les mesures concrètes se sont souvent fait attendre.

Que l'on nous permette d'ailleurs de souligner que le processus camerounais d'industrialisation, avec ses avatars et promesses, ses illusions et désillusions, ses enchantements et désenchantements, est un processus d'industrialisation à part entière et qu'il ne mérite pas moins d'attention, à quelque niveau qu'il se situe, que celle qui est habituellement prodiguée aux autres modes d'industrialisation.

BIBLIOGRAPHIE

1. Repères méthodologiques et généralités.

ALLEN R.D., «Project Management Challenges in the 1980s», *Project Management Quaterly,* 11, No 4, 1980, pp. 19-23.

ASHBY W.R., *An introduction to cybernetics,* Chapman & Hall Ltd, Londres, 1956, 295 p.

AUGER P., «Dynamique et thermodynamique des systèmes composés de plusieurs niveaux d'organisation», *Revue Internationale de Systémique,* No 2, 1989, pp. 129-157.

BACHELARD G., *La formation de l'esprit scientifique : contribution à une psychanalyse de la connaissance objective,* Librairie Philosophique J. Vrin, 13e éd., Paris, 1986, 256 p.

BANQUE MONDIALE, *La programmation des investissements industriels : méthode et étude de cas,* Economica, Paris, 1980, 310 p.

BENARD J., *Economie publique,* Economica, Paris, 1986, 430 p.

BENZECRI J.-P., *Histoire et préhistoire de l'analyse des données,* Ed. Dunod, Paris, 1982, 159 p.

BERTALANFFY (von) L., *General System Theory : formulation, development, applications,* G. Braziller, New York, 1968, 289 p.

BOUTAT A., «Choix d'investissements : un pari plus ou moins hasardeux», *Revue Economique et Sociale,* No 2, Juin 1989, pp. 102-111.

BRIDIER M., MICHAILOFF S., *Guide pratique d'analyse de projets,* Economica, Paris, 1987, 302 p.

CHERVELL M., LE GALL M., *Manuel d'évaluation économique des projets : la méthode des effets,* Ministère des relations extérieures, coopération et développement, Paris, 1984, 204 p.

CROZIER M., «Une approche sociologique des stratégies dans les organisations», *Revue Française de Gestion,* Janvier-Février 1988, pp. 61-63.

DUVAL R.F., «Risque-projet : l'étude et le suivi», *MOCI,* No 745, 5 janvier 1987, pp. 82-84.

FORRESTER J.W., *Industrial Dynamics,* The MIT Press, Cambridge (Mass.), 1961, 464 p.

GOUZE G., «Facteurs chronologiques dans la modélisation du développement des systèmes technico-économiques», *Revue Internationale de Systémique,* No 2, 1989, pp. 159-179.

HOERAENE (d') J., «Gestion prévisionnelle et approche systémique», *Analyse de Systèmes,* Vol. XI, No 2, Juin 1985, pp. 69-98.

JACOB G., «Pourquoi et comment utiliser l'analyse de système», *Direction et Gestion,* No 1, 1973, pp. 7-8.

JACOT S.-P., *Chapitres choisis d'économie industrielle,* Ecole des HEC, Université de Lausanne, 1977, 254 p.

LAGARDE (de) J., *Initiation à l'analyse des données,* Ed. Dunod, Paris, 1983, 158 p.

LEBART L., MORINEAU A., FENELON J.-P., *Traitement des données statistiques,* Ed. Dunod, 1984, 510 p.

LE MOIGNE J.-L., «Les nouvelles sciences sont bien des sciences», *Revue Internationale de Systémique,* No 3, 1987, pp. 295-318.

LUSSATO B., *Introduction critique aux théories d'organisation,* Dunod, Bordas, Paris, 1977, 228 p.

MELESE J., *La gestion par les systèmes,* Ed. Hommes et Techniques, Paris, 1980, 236 p.

MELESE J., *L'analyse modulaire des systèmes de gestion,* Ed. Hommes et Techniques, Paris, 1982, 235 p.

MORIN J., «Contribution du Management des Ressources Technologiques (MRT) à l'approche systémique de l'entreprise», *Revue Internationale de Systémique,* No 4, 1987, pp. 411-424.

NAVARRE C., SCHAAN J.L., «Techniques et méthodes spécifiques de la gestion de projets», *Revue Française de Gestion,* Mars-Avril-Mai 1988, pp. 36-47.

PERROUX F., *Unités actives et mathématiques nouvelles : révision de la théorie de l'équilibre général,* Dunod, Bordas, 1975, 274 p.

PEYREGA J., «Vers une analyse cybernétique des systèmes socio-économiques», *Analyse de Systèmes,* Vol. XII, No 2, Juin 1986, pp. 49-100.

PIAGET J., *Le structuralisme,* Coll. «*Que sais-je ?*», P.U.F., Paris, 8e éd., Mai 1983, 127 p.

POPPER K., *La connaissance objective,* Editions Complexe, Bruxelles, 1978, 174 p.

RAIMBAULT M., SAUSSOIS J.M., *Organiser le changement dans les entreprises et les organisations publiques,* Les Ed. d'organisation, Coll. «*Formaction*», Paris, 1983, 219 p.

SQUIRE L., VAN DER TAK H.G., *Analyse économique des projets,* publié pour la Banque mondiale, Economica, Paris, Juillet 1985, 164 p.

THOM R., *Modèles mathématiques de la morphogénèse,* UGE, Coll. «*10/18*», Paris, 1974, 320 p.

2. Développement, transferts technologiques et coopération industrielle internationale.

ANDELY R., *Stratégie monétaire et financière néo-libérale de développement : application à l'Afrique subsaharienne,* Thèse de doctorat d'Etat ès sciences économiques, Université de Clermont I, Clermont-Ferrand, 1988, 339 p.

BIT, *Technology choice and employment generation by multinational enterprises in developing countries,* ILO, Genève, 1984, 77 p.

BOUTAT A., «Exportation de technologie : la relative percée de certains pays du Sud», *Revue Economique et Sociale,* No 4, Décembre 1988, pp. 215-220.

BOUTAT A., «La coopération technologique et industrielle : une voie non négligeable de transfert international de technologie», *Revue Economique et Sociale,* No 4, Décembre 1988, pp. 221-225.

BOUTAT A., «Modalités et effets du transfert technologique par les firmes multinationales : l'évolution du contexte dans les pays en développement», *Revue Etudes internationales,* Vol. XX, No 4, Décembre 1989, pp. 817-836.

BOUTAT A., *Les transferts internationaux de technologie comme instrument de développement industriel,* Méta-Editions, Lausanne, 1989, 482 p.

BOUTAT A., *Relations technologiques Nord-Sud : mécanismes et enjeux,* Méta-Editions, Lausanne, 1991, 219 p.

BOUTAT A., *Les transferts internationaux de technologie : concepts, méthodologie et organisation,* PUL, Lyon, 1991, 288 p.

CNUCED, *Liaisons interrégionales et arrangements de coopération entre pays en développement pour leur transformation technologique,* (TD/B1C.6/118), (ACEFRS), 24 août 1984, Genève, 23 p.

DJEFLAT A., «The Management of technology transfer : Views and experiences of Developing countries», *Int. J. Technology Management,* Vol. 3, Nos 1/2, 1988, pp. 149-165.

EGNELL G. et *al.*, *Pour un vrai partenariat industriel avec l'Afrique,* Centre Nord-Sud de l'Institut de l'entreprise, Paris, 1986, 60 p.

EMMANUEL A., *Technologie appropriée ou technologie sous-développée ?,* Publications de l'IRM, P.U.F., Paris, 1981, 189 p.

GELINIER O., «L'entreprise productrice de connaissances et de compétences», *Revue Internationale de Systémique,* No 4, 1987, pp. 395-410.

GIRI J., *L'Afrique en panne : vingt-cinq ans de «développement»,* Editions Karthala, Paris, 1986, 204 p.

GOETSCHIN P., «Technologies et management», *Revue Economique et Sociale,* No 4, Novembre 1986, pp. 223-226.

GONOD P.F., «Un outil : l'analyse de la complexité technologique», *Revue d'Economie Industrielle,* No 20, 2e trimestre 1982, pp. 2-64.

GREFFE X. et *al.*, *Science économique et développement endogène,* UNESCO, Paris, 1986, 272 p.

JEQUIER N., BLANC G., *La technologie appropriée dans le monde : une analyse quantitative,* O.C.D.E., Paris, 1983, 239 p.
JOUVE E., *Relations internationales du Tiers Monde,* Tome 1, Coll. «*Tiers Monde en marche*», Berger-Levrault, 2e éd., Paris, 1979, 586 p.
LARUE de TOURNEMINE R., «Comment évaluer les stratégies technologiques», *Revue Française de Gestion,* Juin-Juillet-Août 1988, pp. 26-36.
LASSERRE Ph., YONG S.-J., «La modalité de l'acquisition de technologie dans les entreprises de pays en voie de développement», *Revue Française de Gestion,* Septembre-Octobre 1982, pp. 85-95.
LEWIS W.A., «Où en est l'économie du développement ?», *Problèmes Economiques,* No 1877, 6 juin 1984, pp. 16-23.
MADEUF B., *L'ordre technologique international : production et transferts,* Notes et Etudes documentaires, Nos 4641-4642, La Documentation Française, Paris, 1981, 192 p.
MAESTRE C.J., «Une approche intégrée du développement», *Futuribles,* Décembre 1980, pp. 57-70.
MUROYAMA J.H., STEVER H.G., *Globalization of Technology,* National Academy Press, Council of Academies of Engineering and Technological Sciences, Washington, D.C., 1988, 216 p.
OCDE, *Les enjeux des transferts de technologie Nord-Sud,* O.C.D.E., Paris, 1981, 127 p.
ONUDI, *L'autosuffisance technologique des pays en développement : vers l'adoption de stratégies opérationnelles,* Nations Unies, (ID/262), New York, 1984, 52 p.
PALLOIX C., «Industrialisation, désindustrialisation et formes de mise au travail», *Revue Tiers Monde,* No 110, Tome XXVIII, Avril-Juin 1987, pp. 293-297.
PERRIN J., *Les transferts de technologie,* Editions La Découverte, Coll. «*Repères*», Paris, 1984, 117 p.
SALEM M., SANSON M.-A., *Les contrats «clés en main» et les contrats «produits en main» : technologie et vente de développement,* Librairies Techniques, Paris, 1979, 212 p.
SEURAT S., *Réalités du transfert de technologie,* Coll. «*Le nouvel ordre international*», Masson, Paris, 1978, 239 p.
SOLANO D., «L'entreprise face à la coopération technologique et industrielle», *Industries et Travaux d'Outre-mer,* Février 1984, pp. 100-108.
THILL G., «Pour une approche auto-centrée dans un co-développement : effets sur les technologies», *Mondes en Développement,* Tome 13, No 49, 1985, pp. 111-118.
WATANABE S., «Facteurs institutionnels, politiques gouvernementales et technologie appropriée», *Revue Internationale de Travail,* O.I.T., Vol. 119, No 2, Mars-Avril 1980, pp. 175-194.

3. Cameroun.

AFRIQUE-ASIE, «Spécial Cameroun», No 324, 18 juin 1984, pp. XIII-XLIII.

ANSPRENGER F., *Politik im schwarzen Afrika. Die modernen politischen Bewegungen im Afrika französischer Prägung*, Opladen, Westdeutscher Verlag, Cologne, 1961, 516 p.

BARBIER J.-P., PELTIER G., «La réhabilitation des entreprises publiques du secteur industriel en Afrique au Sud du Sahara», *Revue Tiers Monde,* No 107, Tome XXVII, Juillet-Septembre 1986, pp. 617-626.

BAYART J.-F., *L'Etat au Cameroun,* Presses de la Fondation Nationale des sciences politiques, Paris, 2e éd., 1984, 298 p.

BAYART J.-F., «La société politique camerounaise (1982-1986)», *Politique africaine*, No 22, Karthala, Juin 1986, pp. 5-35.

BIT, *Répertoire des instituts africains de technologie,* Vol. I, O.I.T., Genève, 1984, pp. 108-144.

BIYA P., *Pour le libéralisme communautaire,* Ed. Pierre-Marcel Favre, Lausanne, 1986, 158 p.

BUCHS J.-P., «Transferts de technologies dans les pays du tiers monde : anatomie d'un succès camerounais», *Le Courrier Suisse,* 4 septembre 1989, p. 3.

CFCE, *Cameroun,* Coll. «*un marché*», No 57, Direction de l'Information, C.F.C.E., Paris, 1985, 90 p.

CNUCED, *Analyse comparative des techniques utilisées pour favoriser l'exploration pétrolière dans trois pays d'Afrique de l'Ouest : Cameroun, Côte d'Ivoire et Guinnée-Bissau,* rapport du Secrétariat de la CNUCED, (TD/B/C.6/117), (GE.84-56421), Genève, 1*er* août 1984, 13 p.

COURLET C., TIBERGHIEN R., «Le développement décentralisé des petites entreprises industrielles au Cameroun», *Revue Tiers Monde,* Tome XXVII, No 107, Juillet-Septembre 1986, pp. 607-616.

DESSOUANE P., VERRE P., «Cameroun : du développement autocentré au national-libéralisme», *Politique africaine,* No 22, Karthala, Juin 1986, pp. 111-119.

FRANQUEVILLE A., «La population rurale africaine face à la pénétration de l'économie moderne : le cas du Sud-Cameroun»; *in* BLANC-PAMARD C. et *al.*, *Le développement rural en questions,* ORSTOM, Paris, 1984, pp. 433-445.

GANKOU J.-M., *Echange et développement : l'économie camerounaise,* Economica, Paris, 1985, 175 p.

HENN J.K., *Peasants, Workers and capital. The political economy of labor and incomes in Cameroon,* Harvard University, Cambridge, 1978, 396 p.

ILLY H.F., *Politik und Wirtschaft in Kamerun. Bedingungen, Ziele und Strategien des staatlichen Entwicklungspolitik,* Weltforum Verlag, Munich, 1976, 437 p.
IMBERT J., *Le Cameroun,* P.U.F., Coll. «*Que sais-je ?*», Paris, 3e éd., Avril 1982, 127 p.
JACQUEMOT P., «La désétatisation en Afrique subsaharienne», *Revue Tiers Monde,* No 114, Tome XXIX, Avril-Juin 1988, pp. 271-293.
JEUNE AFRIQUE ECONOMIE, No hors série, Déc. 1986, pp. 28-71.
JOHNSON W.R., *The Cameroon Federation. Political integration in a fragmentary society,* Princeton University Press, Princeton, 1970, 426 p.
JOSEPH R.A., «Church, State and Society in colonial Cameroon», *The Internat. Journal of African Historical Studies* 13 (1), 1980, pp. 5-31.
JOSEPH R.A., *Le mouvement nationaliste au Cameroun,* Ed. Karthala, Paris, 1986, 414 p.
LANNE B., «Le Cameroun 1972-1983 : la succession», *Afrique Contemporaine,* No 129, La Doc. Française, Février-Mars 1984, pp. 18-19.
LE MONDE, «Cameroun : une transition harmonieuse», Mardi 15 février 1983, pp. 7-10.
LE VINE V.T., *The Cameroons from mandate to independence,* University of California Press, Berkeley, 1964, 329 p.
L'USINE NOUVELLE, «Les trois marchés», *Dossier No 44,* 31 octobre 1985, pp. 64-71.
MIDLAND BANK INTERNATIONAL, «Cameroon», *Midland Bank,* Londres, Juillet 1987, pp. 2-7.
MOUTARD G., «Quelle chance pour la politique du Président Biya ?», *Afrique Contemporaine,* No 139, La Documentation Française, Juillet-Août-Septembre 1986, pp. 20-35.
MUKOKO B., «Ajustement autonome au Cameroun : éléments de diagnostic d'une crise», *Revue Tiers Monde,* No 114, Tome XXIX, Avril-Juin 1988, pp. 429-442.
OWONA A., «A l'aube du nationalisme camerounais : la curieuse figure de Vincent Ganty», *Revue Française d'Histoire d'outre-mer,* No 204, 3e trimestre 1969, pp. 199-235.
STEEL W.F., EVANS J.W., *L'industrie en Afrique au Sud du Sahara : stratégies et réalisations,* Banque mondiale, Washington, D.C., 1986, 103 p.
THE ECONOMIST INTELLIGENCE UNIT, «Country Profile 1986-1987: Cameroon», *EIU,* Londres, pp. 3-36.
TIBERGHIEN R., «Perspectives de développement de l'industrie des biens d'équipement en Afrique sub-saharienne», *Industries et Travaux d'Outre-mer,* No 362, Janvier 1984, pp. 17-20.
VINCENT M., «Urbanisation et développement au Cameroun», *Revue Tiers Monde,* Tome XXV, No 98, Avril-Juin 1984, pp. 427-436.
WILLAME J.-C., «Cameroun : les avatars d'un libéralisme planifié», *Politique africaine,* No 18, Karthala, Juin 1985, pp. 44-70.

ANNEXE

Questionnaire destiné aux entreprises.

I. CARACTERISTIQUES DES FIRMES.

1. Taille de l'entreprise :

   1. Grande 2. Moyenne 3. Petite

2. Date de création : ....

3. Type d'entreprise :

   1. Publique 2. Privée 3. Parapublique

4. Chiffre d'affaires annuel moyen : ....

5. Capital social : ....

6. Nombre de collaborateurs : .... dont :

Ouvriers : .... Ingénieurs et techniciens : ....

Masse salariale : ....

7. Branche industrielle :

1. Agro-alimentaire 2. Chimie & parachimie

3. Textile & habillement 4. Services industriels

5. Papier, bois & minéraux non métalliques

6. Construction électrique 7. Autre : ....

8. Type de production :

1. Continue 2. Masse 3. A l'unité 4. Autre : ....

9. Type principal de biens produits :

1. Biens intermédiaires destinés à la production

2. Biens de consommation finale

3. Biens d'équipement

4. Services divers

5. Autre (à préciser) : ....

10. Valeur totale de la production :

1. 1984 : .... 2. 1985 : .... 3. 1986 : ....

11. Entreprises à participation étrangère au capital :

Poids de cette participation : ....

Origine de l'associé : ....

II. CARACTERISTIQUES DE LA TECHNOLOGIE ET NATURE DU PROJET.

12. Types de technologie :

1. Technologie incorporée essentiellement dans des machines et équipements simples (avec leur savoir-faire d'utilisation), nécessitant l'emploi d'un volume important de personnel peu qualifié.
2. Technologie matérialisée dans des machines et équipements sophistiqués (avec leur savoir-faire d'utilisation), nécessitant l'emploi d'un volume réduit de personnel peu qualifié.
3. Technologie nécessitant une haute qualification de la main-d'oeuvre (ouvriers qualifiés, techniciens supérieurs, ingénieurs...), utilisant pratiquement peu de machines ou d'équipements.
4. Technologie nécessitant une haute qualification de la main-d'oeuvre (ouvriers qualifiés, techniciens supérieurs, ingénieurs...), utilisant beaucoup de machines et équipements sophistiqués.
5. Autre type de technologie (à préciser) : ....
....
....
....

13. Partenaires principaux (selon le type de technologie) :

1. Fabricants ou fournisseurs de machines et équipements
2. Spécialiste du secteur ou firme d'ingénierie prenant la responsabilité de toutes les opérations (préparation du projet, mise en oeuvre, démarrage...)
3. Exclusivement détenteurs de brevets et procédés
4. Partenaires à la fois fournisseurs d'équipements et détenteurs de procédés industriels, savoir-faire et connaissances techniques diversifiées
5. Autre opinion (à préciser) :
....
....

14. Estimation du coût des contrats signés :

1. Très élevé 2. Assez élevé

3. Relativement bas 4. Autre opinion : ....

Ordre de grandeur par rapport au chiffre d'affaires moyen (multiplicateur des ventes) : ....

15. Type de projet réalisé :

1. Montage des machines ou équipements et transmission du savoir-faire d'usage
2. Projet industriel ayant impliqué les opérations de montage, de démarrage, de formation du personnel, d'assistance technique...
3. Projet portant exclusivement sur des prestations à contenu immatériel (services technologiques, transfert de savoir-faire, de procédés couverts par un droit...)
4. Projet combinant livraison d'installations techniques et cession de connaissances techniques, savoir-faire et procédés couverts par un droit de propriété.
5. Autre type (à préciser) : ....

16. Description succincte du projet de transfert : ....
....
....
....

III. MODES DE TRANSFERT TECHNOLOGIQUE ET MOTIVATIONS DES PARTENAIRES.

17. Quelles raisons majeures étaient à l'origine du projet ?
....
....
....
....

18. Commanditaire du projet de transfert technologique :

1. Etat 2. Entreprise privée nationale

3. Firme étrangère 4. Entreprise mixte

5. Autre (à préciser) : ....

19. Origine et nom des principaux partenaires ayant réalisé le projet de transfert technologique :

1° ....

2° ....

3° ....

20. Critères déterminants dans le choix des partenaires :

1. Expérience dans un domaine similaire ou dans un autre pays en développement que le Cameroun
2. Notoriété internationale du partenaire et de ses prestations technologiques
3. Leader dans la branche industrielle
4. Situation financière confortable
5. Investissements importants dans la R & D
6. Appartenance à une même zone monétaire
7. Intérêt de constituer une co-entreprise
8. Autres critères (à préciser) : ....
....
....
....

21. Motivation stratégique principale :

1. Former le personnel à la maîtrise technologique
2. Exporter la production à l'étranger
3. Couvrir les besoins du marché national
4. Création de carrières industrielles et d'emplois
5. Profiter des bonnes relations entre Etats d'origine
6. Obtenir des coûts de production bas
7. Bénéficier de la proximité avec les matières premières
8. Profiter des incitations publiques
9. Perspectives d'associations à long terme
10. Autre opinion (à préciser) : ....
....
....
....
....

22. Orientation des négociations :

1. Minimisation du coût de transfert technologique
2. Liberté dans l'utilisation de la technologie
3. Réduction du transfert au strict minimum (obtention d'éléments isolés tels que les spécifications sur les procédés, les machines et équipements...)
4. Acquisition d'un «paquet technologique» avec toutes les prestations nécessaires (biens de capital, actifs immatériels, formation, assistance technique...)
5. Autre opinion (à préciser) : ....
....
....

23. Intervention des pouvoirs publics dans les négociations :

1. Intervention importante 2. Intervention limitée

3. Indifférence à l'égard de la transaction

Raisons du comportement des pouvoirs publics : ....
....
....

24. Description de la négociation avec les partenaires (objet de la négociation, facilités et difficultés, causes...) :
....
....
....

25. Quelles étaient vos positions relatives sur le prix du transfert par rapport à celles de vos partenaires ?
....
....
....

26. Quelles étaient vos intentions sur le plan des objectifs de production (production optimale en unités par an, production en grande ou petite série, possibilité d'importer des composants techniques et divers produits intermédiaires auprès d'autres fournisseurs, exportation de produits vers les marchés déjà occupés par vos partenaires...) ?

....

....

....

....

27. Quelles étaient les intentions et les exigences de vos partenaires (production en unités par an, production en grande ou en petite série, vente exclusive de composants et biens intermédiaires, limitation de vos marchés d'exportation, autres clauses restrictives...) ?

....

....

....

....

IV. PREPARATION ET REALISATION DU PROJET DE TRANSFERT TECHNOLOGIQUE.

28. Le projet retenu a été préparé et analysé par :

1. Le partenaire étranger

2. L'entreprise bénéficiaire

3. L'administration publique de tutelle

4. Analyse conjointe (combinaison des propositions)

5. Autre opinion (à préciser) : ....

....

29. Organisation et mise en oeuvre du projet :

1. Le partenaire local a tout réalisé

2. Le partenaire étranger a tout réalisé

3. Organisation et mise en oeuvre conjointes

4. Autre opinion (à préciser) : ....
....

30. A quels genres de problèmes particuliers avez-vous eu à faire face durant la réalisation du projet de transfert ?

1. Mauvais échelonnement des opérations
2. Multiplicité des intervenants
3. Capacités douteuses des partenaires
4. Organisation et moyens de mise en oeuvre inadéquats
5. Livraisons irrégulières ou incomplètes des éléments à caractère technologique
6. Autre opinion (à préciser) : ....
....
....

31. Coût définitif du projet sur le plan :

1° de l'investissement : ....

2° de l'exploitation annuelle : ....

3° des prestations complémentaires : ....

Raisons du dépassement éventuel du coût initialement prévu?
....
....
....

32. Est-ce que les délais de réalisation ont été respectés ?

1. Oui 2. Non Pourquoi ? ....
....

V. EXPLOITATION ET RESULTATS OBTENUS.

33. Quels avantages essentiels l'opération a-t-elle apporté à votre entreprise ? ....
....
....
....
....
....

Si ces avantages sont chiffrables, mentionnez-les :

1° : .... Valeur : ....

2° : .... Valeur : ....

34. Existe-t-il dans l'état actuel de vos connaissances des contraintes internes ou externes qui puissent s'opposer à l'exploitation efficace et à la maîtrise des techniques transférées ? Si oui, décrivez-les : ....
....
....
....
....
....
....
....

35. Y a-t-il des résistances de la part du personnel à absorber les flux technologiques importés ?

1. Oui 2. Non Raisons : ....
....
....

36. Dans quelle mesure les difficultés ou les facilités rencontrées émanent-elles respectivement de vos pratiques et de celles de vos partenaires ? Quelle en est la nature (exemples) ?
....
....
....
....
....
....
....
....
....

37. Avez-vous un programme de formation continue ?

1. Non

2. Pour les cadres 3. Pour les ouvriers

4. Pour les cadres et ouvriers

38. Avez-vous des relations de sous-traitance avec vos partenaires?

1. Oui 2. Non

Si oui, nature de la sous-traitance : ....
....

39. En cas de sous-traitance, une assistance technique est-elle fournie ?

1. Oui 2. Non

Si oui, contenu de l'assistance technique : ....
....
....
....
....
....
....

40. Estimez-vous qu'il y a eu réussite du transfert technologique?

1. Oui 2. Non 3. Ne se prononce pas

41. Si réussite du transfert technologique il y a, à quoi l'attribuez-vous en priorité ?

1. Utilisation des machines et équipements simples
2. Maîtrise des procédés et savoir-faire transférés
3. Aptitude particulière de vos partenaires
4. Marché important et taille de l'entreprise favorable
5. Mise en oeuvre satisfaisante du projet de transfert
7. Intégration optimale de la production
8. Autres raisons (à préciser) : ....
....
....
....
....
....
....

42. Si échec du transfert technologique il y a, à quoi l'attribuez-vous en priorité ?

1. Utilisation des machines et équipements inappropriés
2. Connaissances, savoir-faire et procédés inadaptés
3. Problèmes de maintenance
4. Mise en oeuvre défectueuse ou coûteuse du projet
5. Marché inexistant
6. Coûts de production élevés ou faible rentabilité
7. Capitaux ou fonds de roulement insuffisants
8. Interventions politiques et pressions externes
9. Changement dans les conditions économiques générales
10. Taille de l'entreprise défavorable
11. Autres raisons (à préciser) : ....

....

....

....

....

....

....

....

43. Quelles leçons pouvez-vous tirer de cette collaboration ?

....

....

....

....

....

....

....

....

....

....

....

....

44. Avez-vous été aidés par d'autres entreprises locales ou par des instituts scientifiques et techniques nationaux ?

1. Oui 2. Non

Si oui, lesquels ? Contenu de leurs apports ?

....

....

....

....

....

45. Avez-vous dans l'entreprise des activités de R & D ?

1. Oui 2. Non

Si oui, quelle en est la nature ? Si non, quels en sont les motifs ?

....

....

....

....

....

....

46. L'entreprise a-t-elle des opportunités d'expansion ?

1. Oui 2. Non

Si oui, lesquelles ? Si non, raisons ?

....

....

....

....

....

....

47. La technologie fait-elle obstacle à cette expansion ?

1. Oui 2. Non

Si oui, quels sont ces obstacles ? Si non, quels effets attendez-vous de la technologie disponible ?

....

....

48. A quels moyens supplémentaires faites-vous appel pour améliorer l'exploitation de la technologie transférée ?

1. Services de consultants 2. Amélioration interne
3. Instituts nationaux (Universités, Ecoles...)
4. Système d'informations techniques
5. Autres moyens (à préciser) : ....

....

49. Dans quelle mesure la technologie transférée explique-t-elle la situation compétitive ou non concurrentielle de votre entreprise (processus d'exploitation, apprentissage des techniques, situation des concurrents, recyclage du personnel, effets en retour, frais additionnels, etc.) ?

....

....

....

....

50. Quels sont, à votre avis, les problèmes particuliers que les entreprises camerounaises affrontent de manière générale pour accéder à la technologie étrangère et quelles sont les orientations à adopter pour y remédier ?

....

....

....

....

FIGURES

TABLEAUX

TABLE DES MATIERES

DEUXIEME PARTIE

MODALITES ET PROCESSUS DE TRANSFERT TECHNOLOGIQUE

DEVELOPPEMENT ET COOPERATION

POUR UNE HISTOIRE DU DÉVELOPPEMENT - États, sociétés, développement

Catherine COQUERY-VIDROVITCH, Daniel HEMERY, Jean PIEL

Le débat sur le développement n'a-t-il pas lui aussi une longue histoire oubliée ? Ce concept typiquement occidental de développement, comment les autres sociétés pouvaient-elles le recevoir et qu'en firent-elles lorsqu'il leur fut imposé comme recette obligée pour rattraper l'Occident ? Aujourd'hui encore l'abondante réflexion sur le développement ne marque-t-elle pas un refus des techniciens « développeurs » à prendre en compte ce qui ne s'insère pas dans les cadres établis et reconnus par l'Occident ?

285 pages — **145 F**

LE TIERS MONDE ET LA CRISE DE L'ENDETTEMENT DES ANNÉES 80
Fléchissement des flux financiers en direction des pays en développement

Léon NAKA

Depuis 1980, les pays en développement ont vu se tarir les flux financiers en leur faveur et sont aujourd'hui pris dans l'engrenage des rééchelonnements des dettes.

Léon Naka dépeint la situation, tire des leçons et indique les axes d'un redressement. C'est un dialogue que l'auteur ouvre avec tous les partenaires du monde développé.

Collection « Afrique 2000 » — 168 pages — **85 F**

L'ÉCONOMIE DES DIEUX CÉRÉALIERS - Les lois de l'autosuffisance alimentaire

Claude ALBAGLI

L'équilibre vivrier, par ses implications, s'avère extrêmement riche pour décrypter le fonctionnement d'une économie. En effet, il ne se réduit pas à une affaire d'estomacs repus ou de balance commerciale ajustée, il constitue le point d'orgue des civilisations anciennes : le cœur des jeux du pouvoir. Ces divers éclairages contribuent à une meilleure compréhension des économies africaines contemporaines.

220 pages — **130 F**

www.ingramcontent.com/pod-product-compliance
Lightning Source LLC
LaVergne TN
LVHW050659051026
849532LV00002B/683